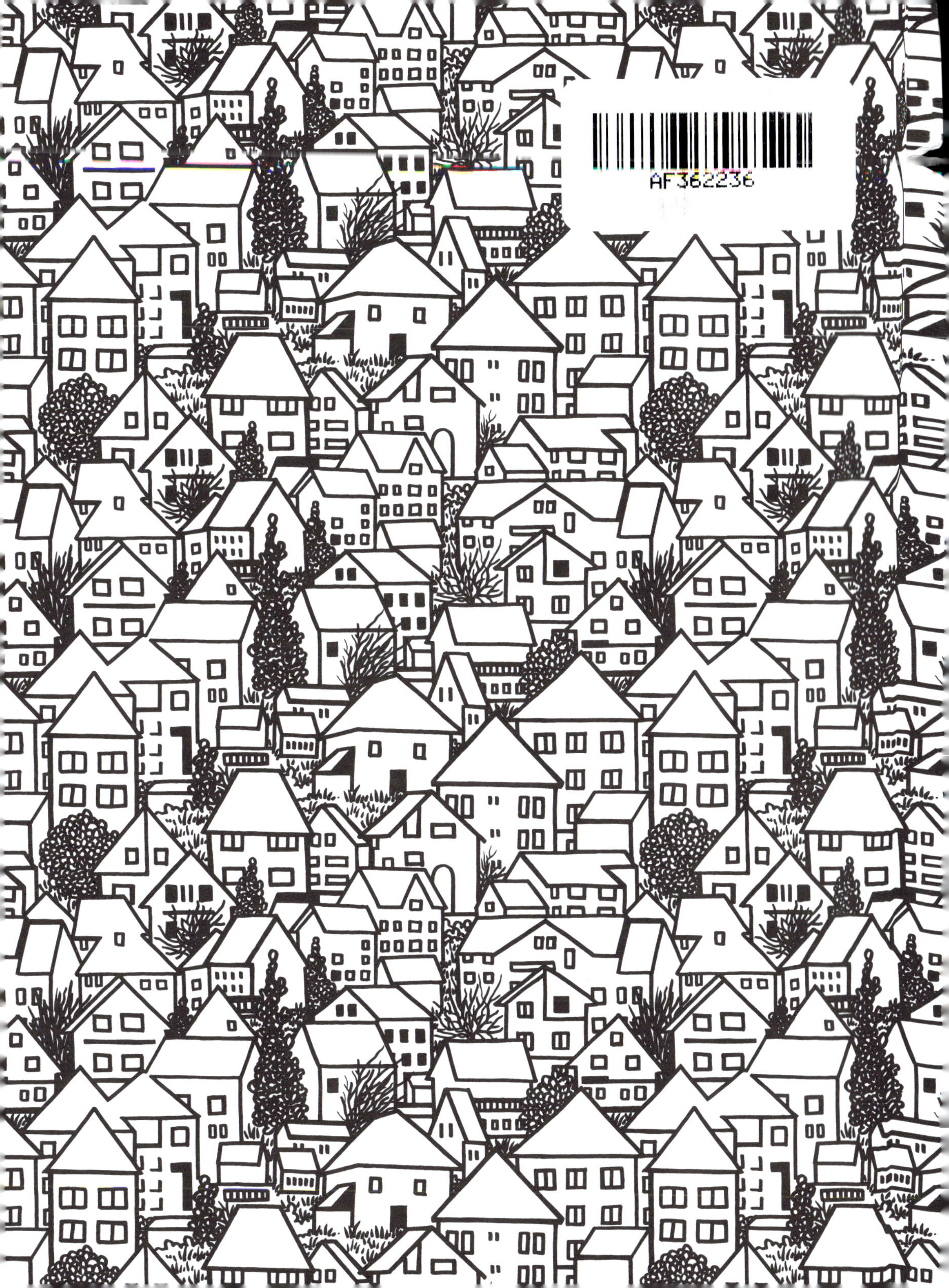
AF362236

Hohle Erden

rundherundherundherundherundherundherund
herundherundherundherundherundherundh
er
und
rund Herr Hund, die Erde ist rund, die Erde ist hohl,
so können wir in ihr stehn, gehn und drehn.
Herr Hund fragt:
„Kann ich etwas tun?“
Sie können gehen und kommen.
„Und ist es ein Unterschied, ob ich das in Thun oder Tunis tu?“
Ja, aber das Gute ist doch,
dass sie in Thun oder Tunis etwas tun können.
Und an jedem anderen Ort auf der Erde, in der Welt.

Es ist kein Getue,
Getanes ist getan,
lässt sich nicht vertun.
Wie wir fort schreiten, blasen wir die Welt rund
zu einem beängstigenden Radius.
Stell dich ins Zentrum, das findest du nicht.
Du drehst und schaust, aber findest es nicht.
Geh am Rand entlang,
pass auf,
dass du nicht mit dem Draussen zusammenfällst.

Das Bild bewegt, wenn du bewegst,
Egal welcher Milli, Milli,
Millimeter,
Das Bild bewegt.
Dein Standpunkt in Zeit und Raum ist einmalig zwar,
aber einer hat's gemalt einmal,
ein andrer gesehen ein andermal.
Gezeichnet sei deine Linie und nie ist sie ganz dein,
nie ganz Heim.
Du gehst hinaus, du kommst hinein,
die Linie ist fein.
Du gehst, du kommst und du tust.

Du sprichst von Panorama rundherund,
wer spricht von hohlen Erden rundherund.
Dein Panorama ist die hohle Erde,
du musst in ihr wandern mit allen andern.
Alle andern mit dir.

Du bewegst und du wirst bewegt,
von aussen, von innen, von Sinnen.
Auch wenn sie trügen, die Realitäten,
benutze sie,
wiege dich in ihnen,
biege dich mit ihnen
und betrachte und bewege sie
rundherundherundherundherundherundherund
herundherundherundherundherundherund.
Big Zis, 2012

Herausgegeben von/Edited by
Kunstmuseum Thun, Petra Giezendanner & Siri Peyer
VERLAG *für* **MODERNE KUNST**

rund–
herund–
her–
und–
herum
TUN–
IS–
THUN

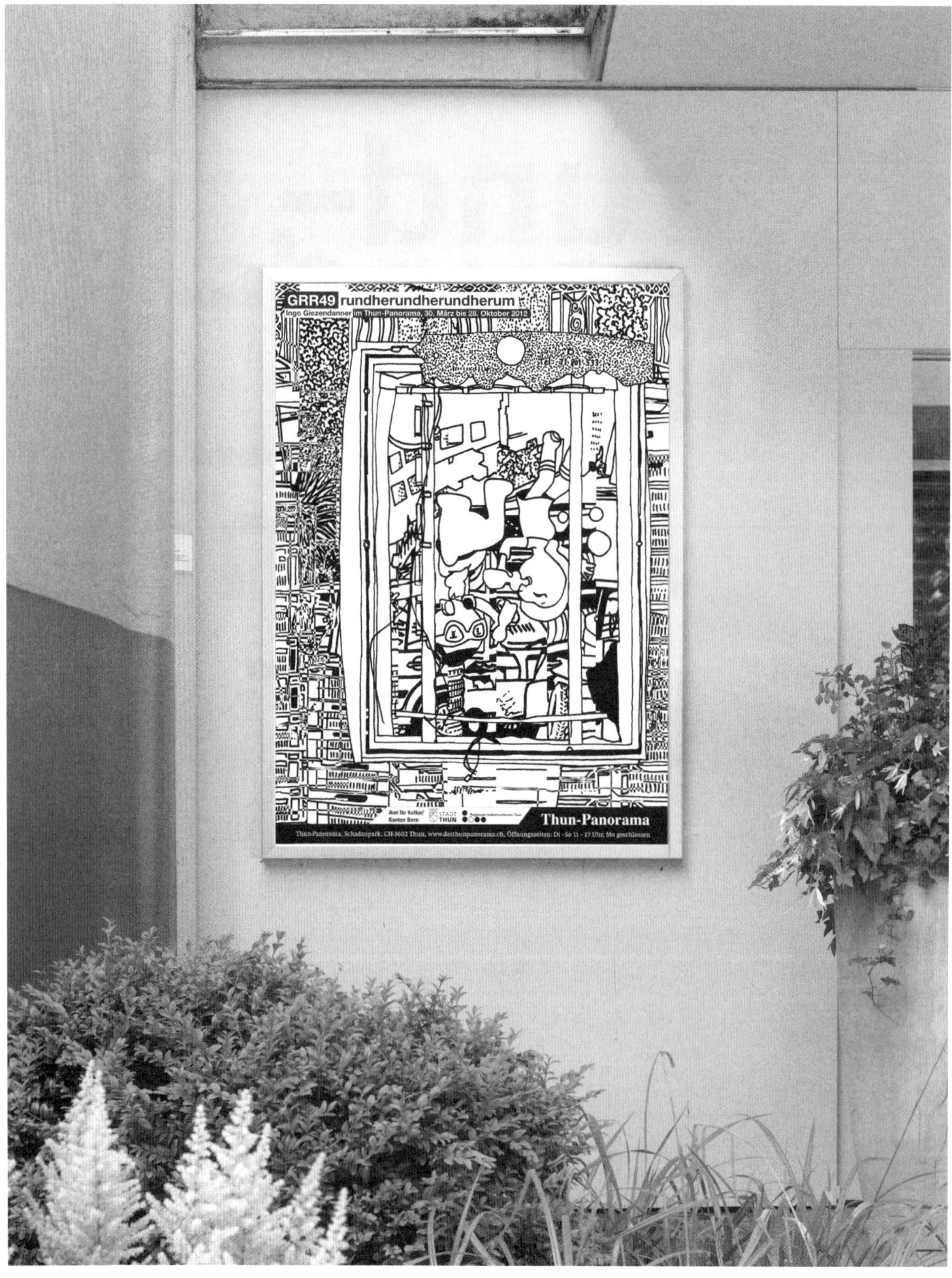

GRR49 rundherundherundherum
Ingo Giezendanner im Thun-Panorama, 30. März bis 28. Oktober 2012
Amt für Kultur/ Kanton Bern
STADT THUN
Regionale Kulturkonferenz Thun
Thun-Panorama
Thun-Panorama, Schadaupark, CH-3602 Thun, www.dasthunpanorama.ch, Öffnungszeiten: Di - So 11 - 17 Uhr, Mo geschlossen

Vorwort

Mit der Einladung zu einer Ausstellung gleich unterhalb des Thun-Panorama haben wir Ingo vor keine einfache Aufgabe gestellt. Der Rundbau, in dem das Panorama von Marquard Wocher (1760–1830) seit 1961 bewundert werden kann, wurde eigens für dieses Gemälde errichtet. Es ist ein circa zwölf Meter hoher Bau mit kreisförmigem Grundriss, wobei im Innern lediglich eine von Pfeilern gestützte Besucherplattform den Raum unten vom Rundbild oben trennt. Das Thun-Panorama ist somit auch von der Ausstellungszone aus zu sehen. Die starke Präsenz des ältesten erhaltenen Panoramas der Welt ist dabei nicht zu unterschätzen. Während fünf Jahren, von 1809 bis 1814, malte Marquard Wocher alleine an seinem fast 300 Quadratmeter grossen Gemälde. Mit einer überwältigenden Detailverliebtheit gibt dieses Einblick in das Aussehen und das Leben der Kleinstadt Thun vor 200 Jahren.

Schon während Ingos erstem Besuch des Ausstellungsraums und des Panoramas hat sich herauskristallisiert, dass er mit einem zeitgenössischen Rundbild auf das älteste Panorama reagieren würde. Das Resultat, Ingos Panorama-Installation rundherundherundherum, führt die Gattung ‚Panorama' nicht nur dank seiner Bildsprache ins 21. Jahrhundert. Ebenso ist sein Spiel mit der Optik eine direkte Auseinandersetzung mit dem klassischen Panorama, das als Illusionsmaschinerie das Publikum in eine fremde Welt entführen wollte. Auch wenn das Sujet, das Stadtpanorama, grundsätzlich das gleiche ist wie beim Thun-Panorama, lassen sich im Vergleich der beiden Rundbilder zahlreiche Unterschiede, aber auch Gemeinsamkeiten entdecken, die interessante Rückschlüsse auf die heutige und die damalige Wahrnehmung der Umgebung ermöglichen.

Nach Ende der Ausstellung wird die Panorama-Installation abgebaut und voraussichtlich zerstört. Weiterleben wird sie jedoch in dokumentarischer Form in diesem Buch. Verschiedene Bildstrecken geben Einblick in den Entstehungsprozess von rundherundherundherum — vom ersten Tunis-Panorama (S. 46–81, 102–103) über das mit sich selber verwobene Bild (S. 32–37) bis hin zur fertigen Installation (S.10–31). Drei Texte beleuchten ferner die eindrucksvolle Arbeit aus unterschiedlichen Blickwinkeln: Der lyrische Text der Zürcher Rapperin Big Zis übersetzt die rhythmische Bildsprache Ingos in Worte. Der Architekt David Zumstein geht von dem für beide Panoramen wichtigen Aspekt des Reisens aus und beschreibt, wie dieses ein wichtiges Mittel zum Schauen-Lernen sein kann. Und wir setzen uns in unserem Aufsatz mit der Darstellung der Stadt in Ingos Rundumbild auseinander.

Die Realisierung der Ausstellung und des Katalogs war vom Enthusiasmus, vom Elan und von der Spontaneität vor allem Ingos, aber auch zahlreicher weiterer Personen geprägt. Wir möchten uns an dieser Stelle bei allen herzlich bedanken.

Petra Giezendanner & Siri Peyer
wissenschaftliche Mitarbeiterin & wissenschaftliche Assistentin, Kunstmuseum Thun

Foreword

We presented Ingo with no easy task by inviting him for an exhibition just below the Thun-Panorama. The rotunda, where the panorama of Marquard Wocher (1760–1830) can be seen since 1961, was built specially for this painting. It is an approximately 12 meter high building with a circular layout, inside of which only a viewing platform supported by pillars separates the space below from the part with the panorama on top. The Thun-Panorama can thus also be seen from the exhibition area. The presence of the oldest surviving panorama of the world is thereby not to be underestimated. For five years, from 1809 to 1814, Marquard Wocher worked alone on his nearly 300 square metre painting. With an overwhelming attention to detail, it provides an insight into the appearance and life of the town of Thun 200 years ago.

It emerged during Ingo's first visit of the exhibition space and the panorama itself that he would respond to the oldest panorama with a contemporary panorama. The outcome, Ingo's panoramic installation rundherundherundherum takes the panorama genre into the 21st century, not just due to his imagery. For instance, his optical execution is a direct dialogue with the classical panorama, which, as a machinery of illusion, wanted to transport the audience into an alien world. Although the subject matter, the town panorama, is basically the same as the Thun-Panorama, the comparison of the two panoramas reveals many differences as well as similarities that permit interesting conclusions about the present and former perception of the environment.

At the end of the exhibition, the panoramic installation will be dismantled and probably destroyed. However it will continue to live in a documentary form in this book. Various photo spreads give insight into the making of rundherundherundherum — from the first Tunis Panorama (pp. 46–81, 102–103) through the image intertwined with itself (pp. 32–37) up to the finished installation (pp. 10–31). Three texts also shed light on the finished work from entirely different angles. The lyrical text of the Zurich rapper Big Zis translates Ingo's rhythmic imagery into words. The architect David Zumstein proceeds from the aspect of travelling, which is important for both panoramas, and describes how this can be an important way of learning to look. And in our essay we deal with the portrayal of the city in Ingo's all-round picture.

The implementation of the exhibition and the preparation of the catalogue was marked by the enthusiasm, vigour and spontaneity of many people, Ingo in particular. We would like to take this opportunity to thank all the people involved very much.

Petra Giezendanner & Siri Peyer, Academic Assistants, Kunstmuseum Thun

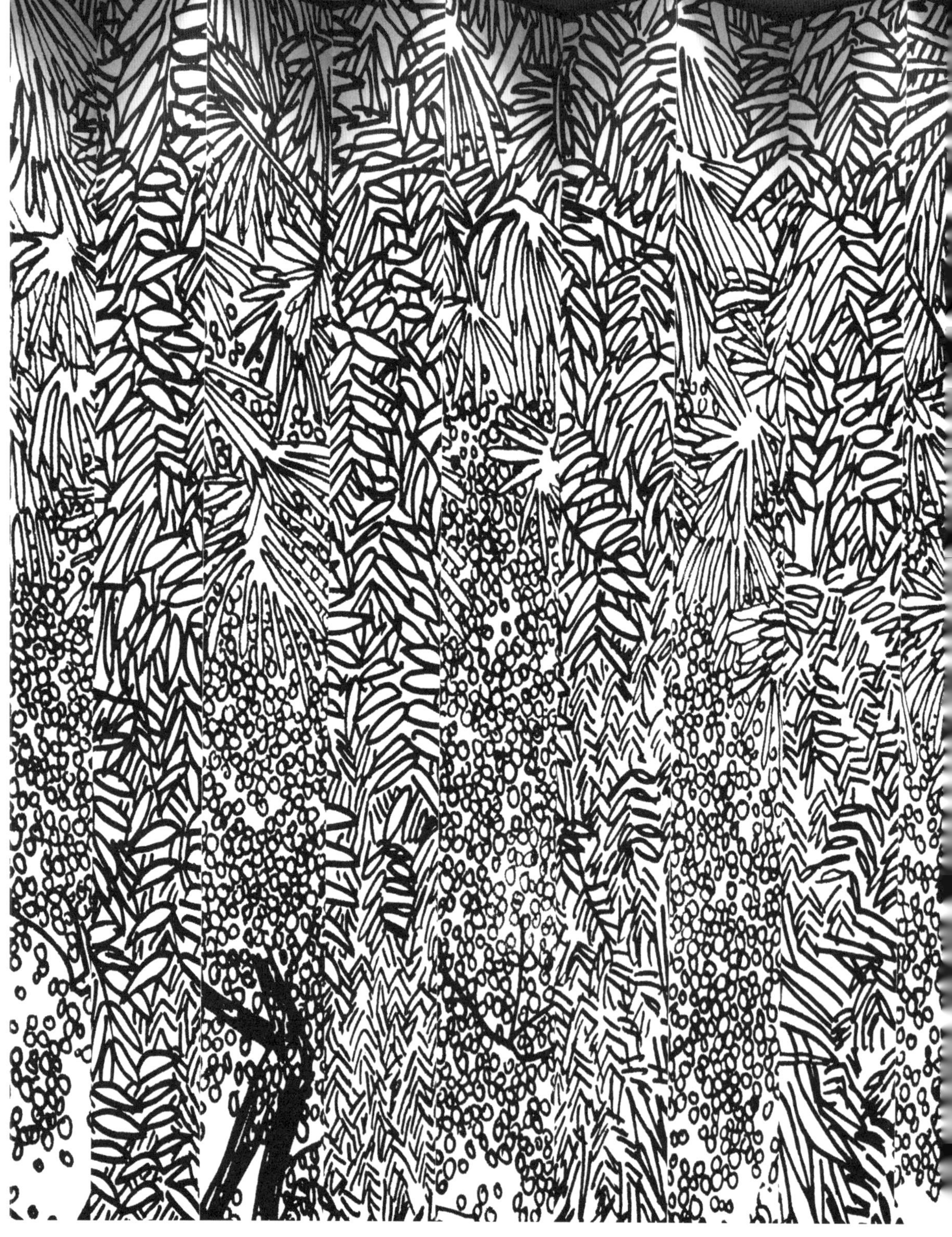

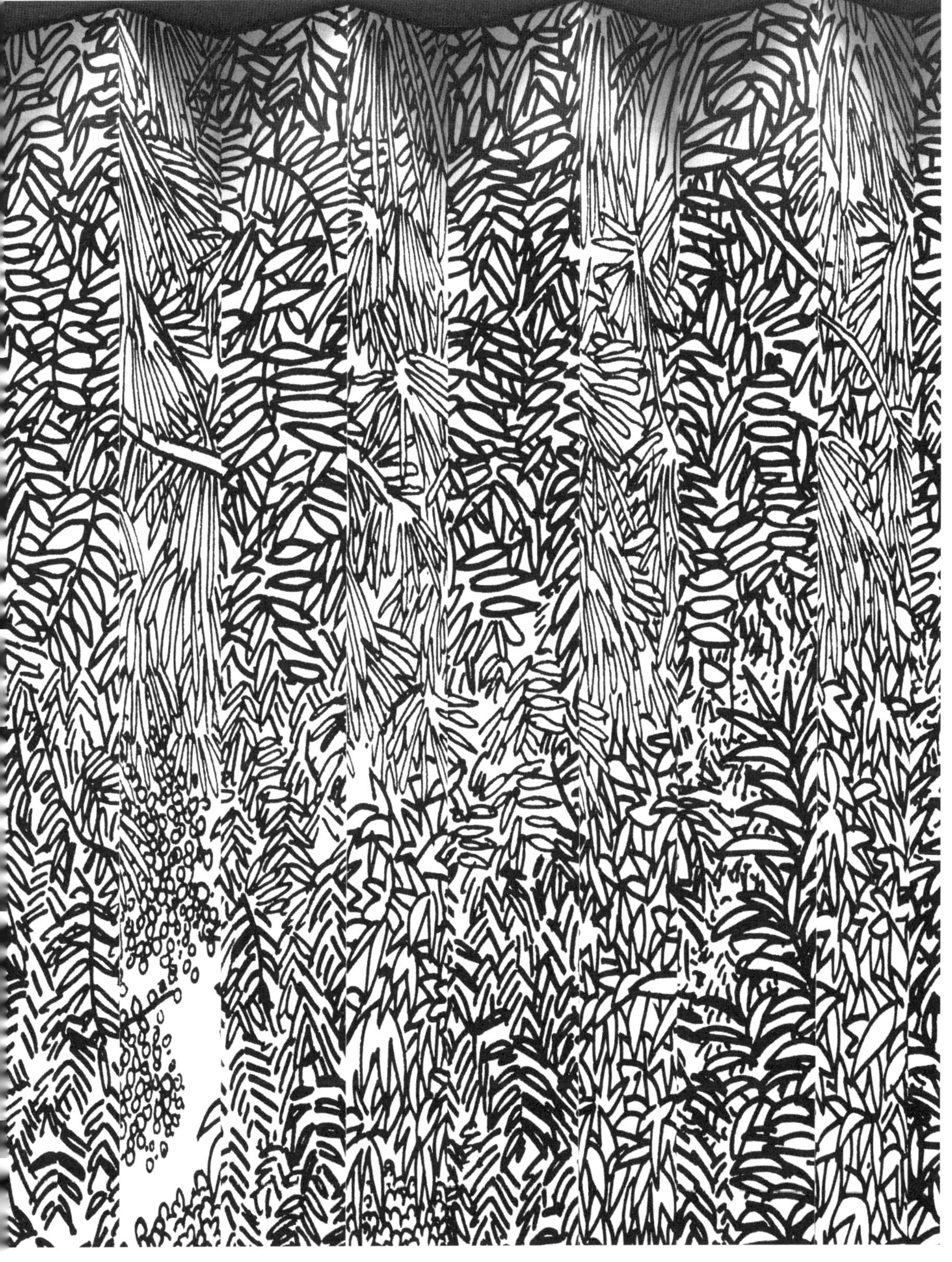

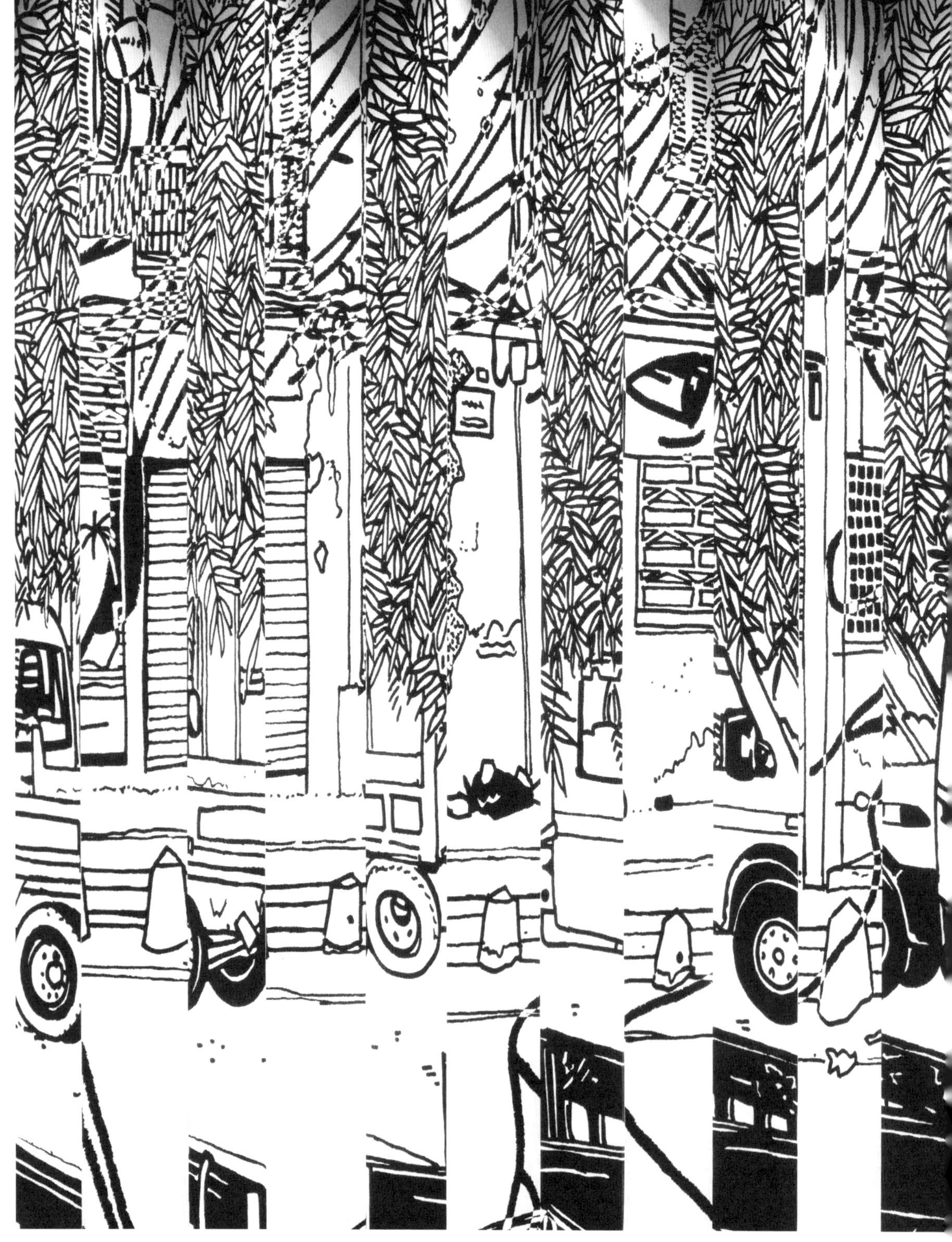

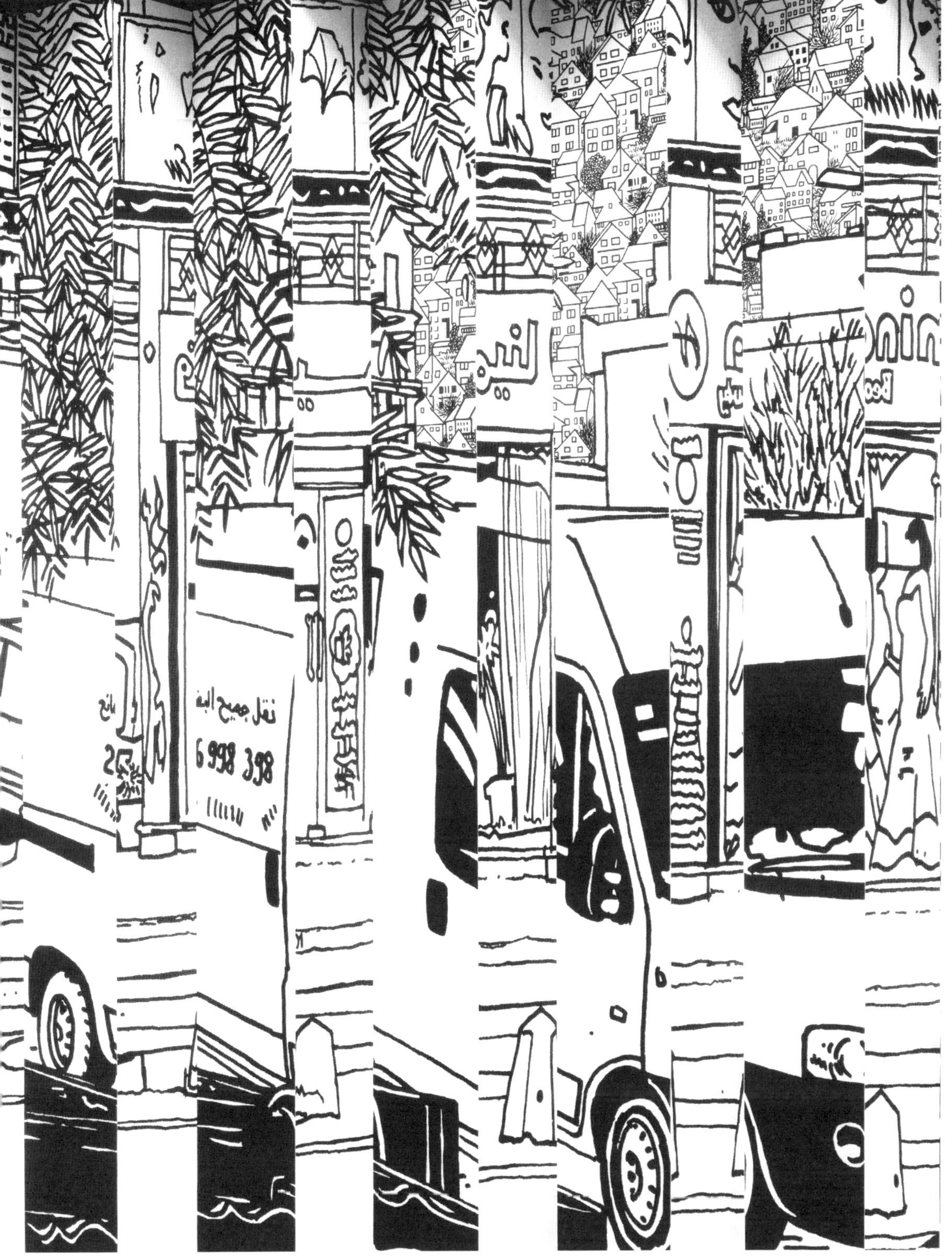
نقل جميع الا
6 998 398

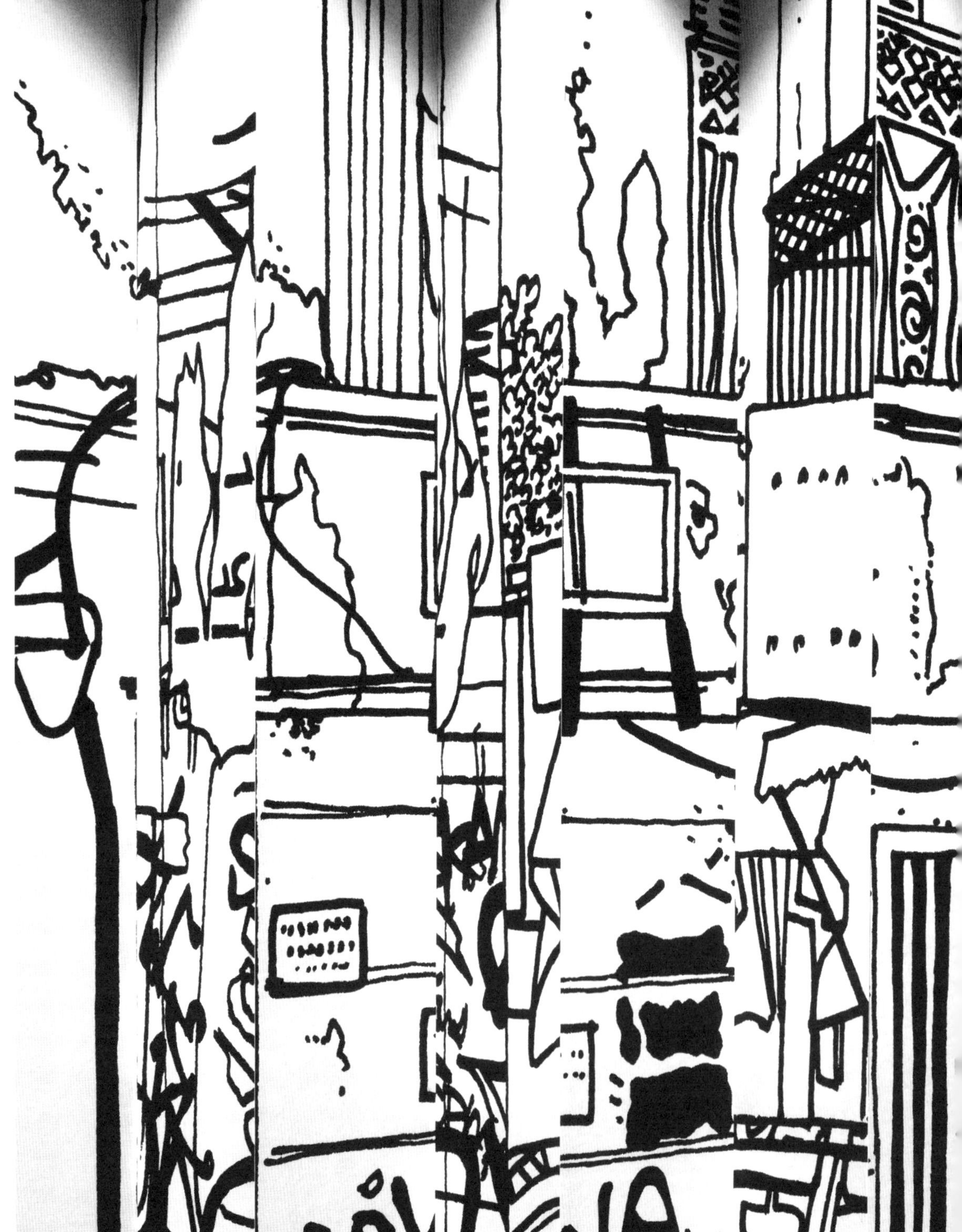

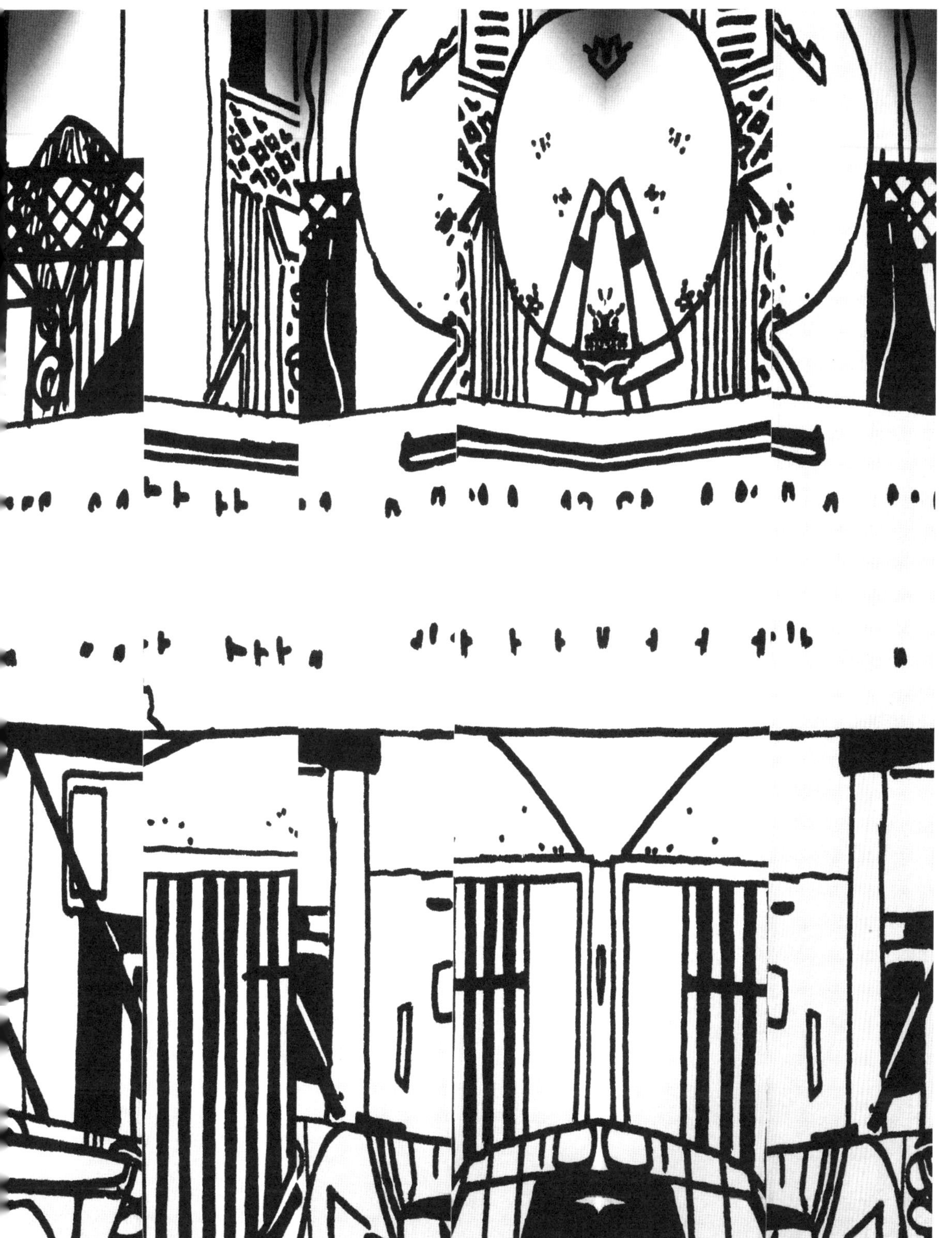

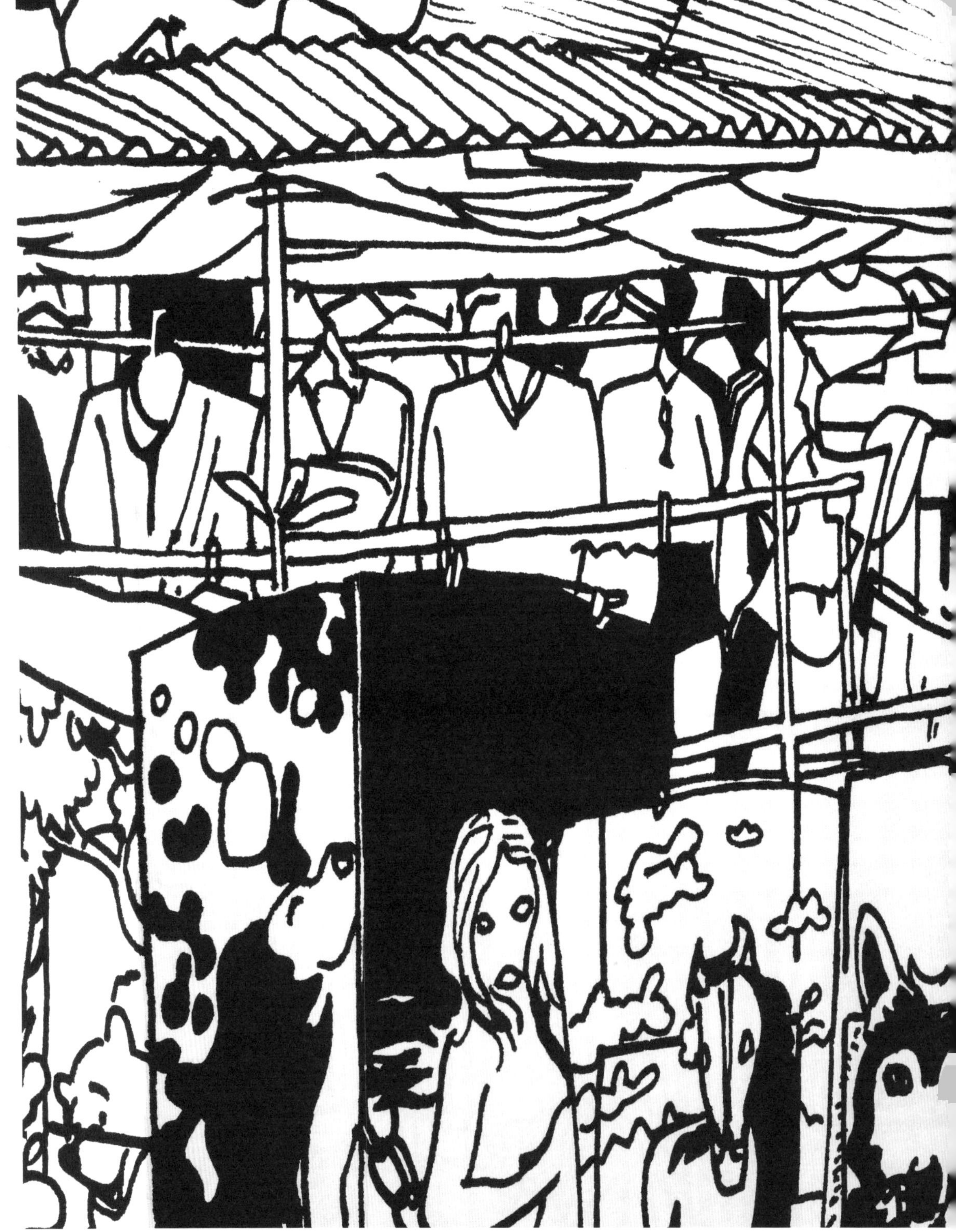

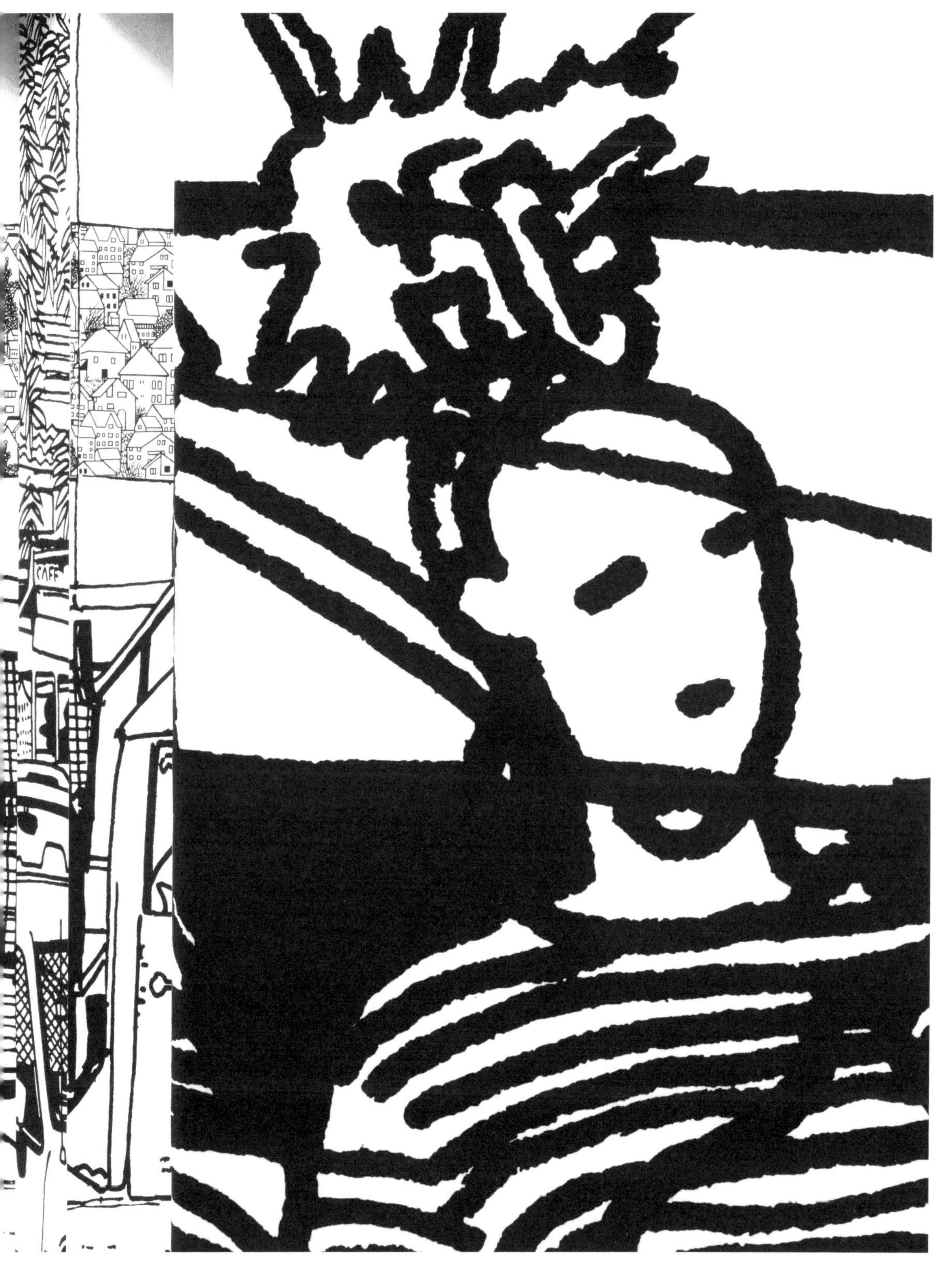

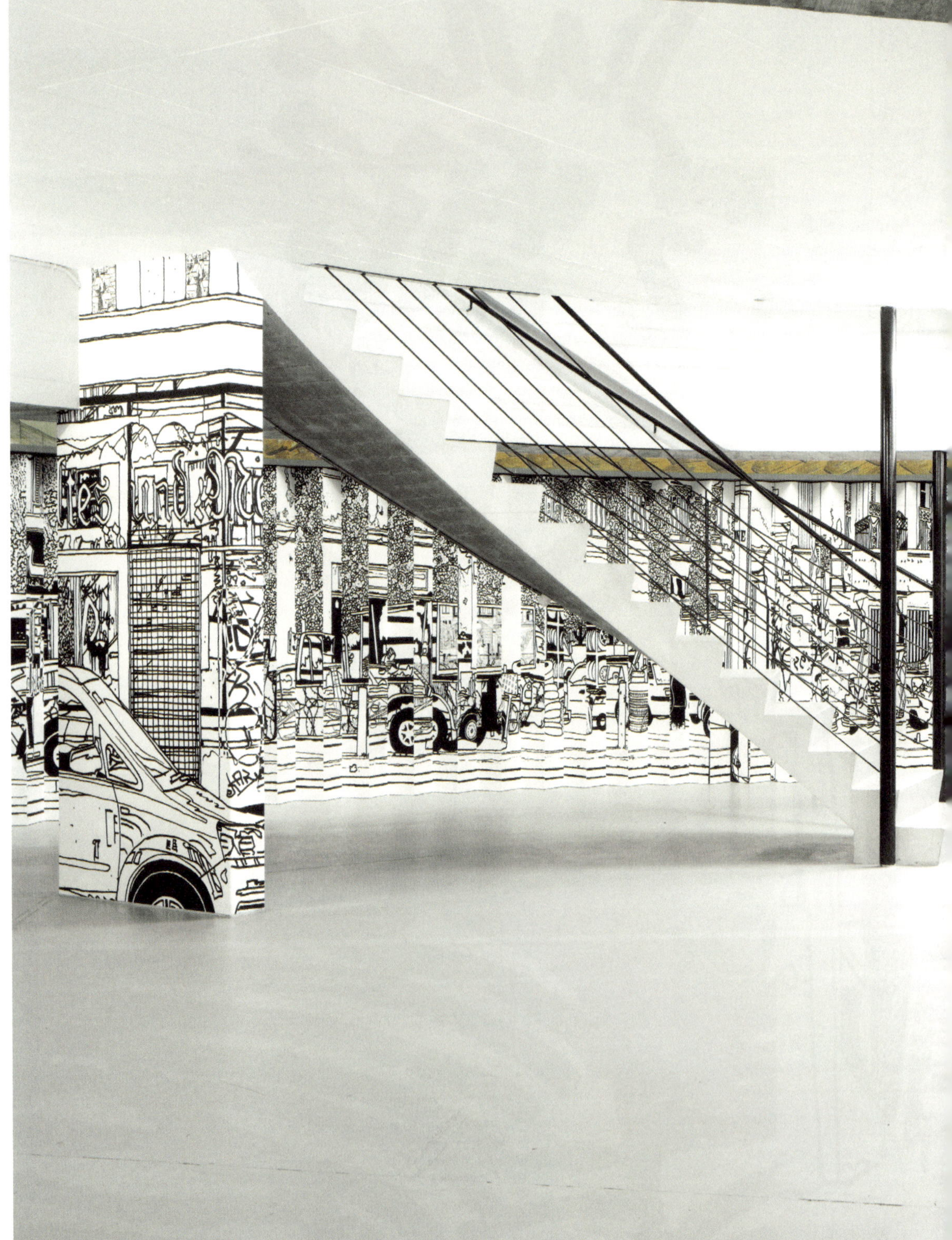

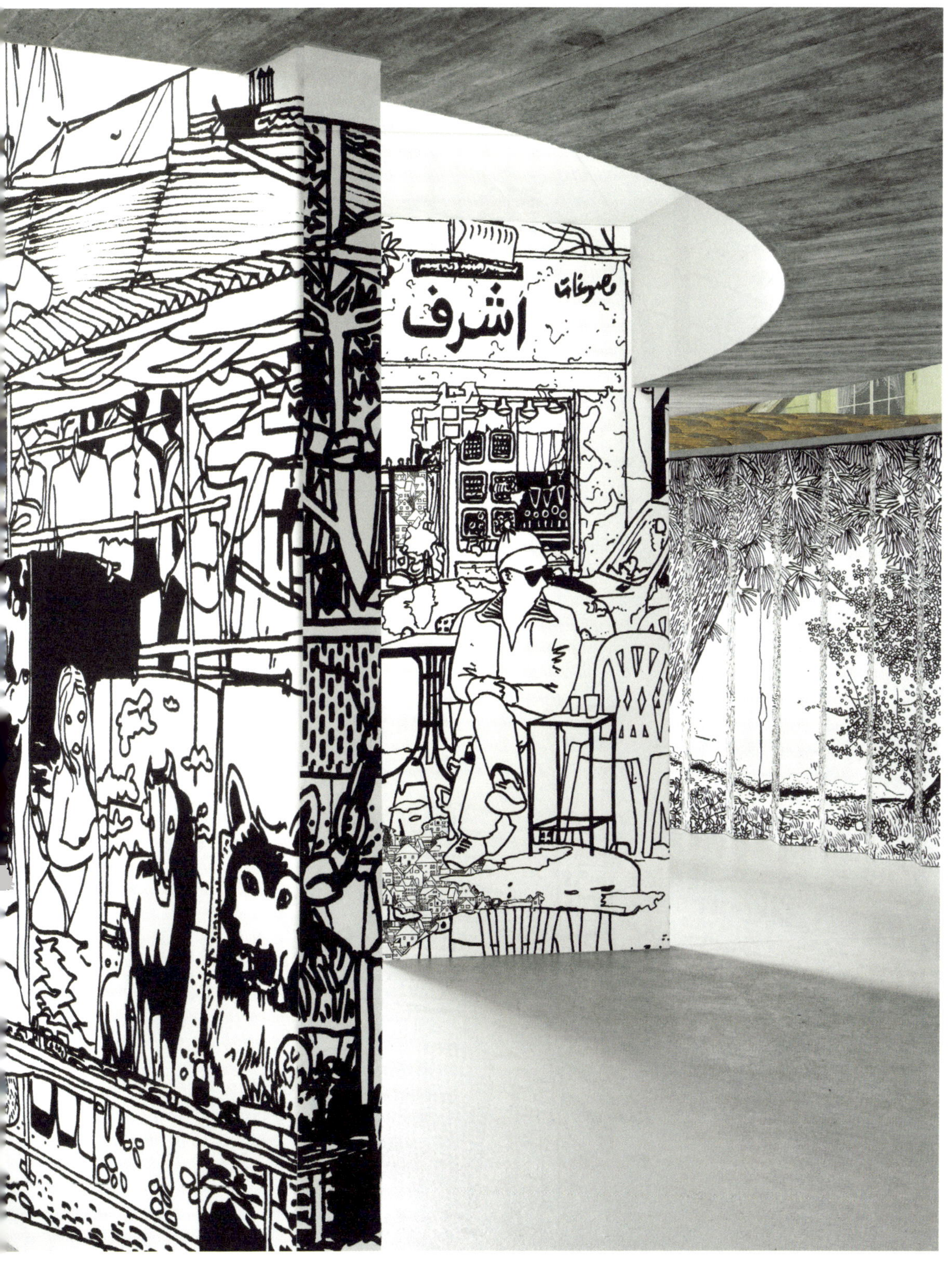
مصنوعاتنا اشرف

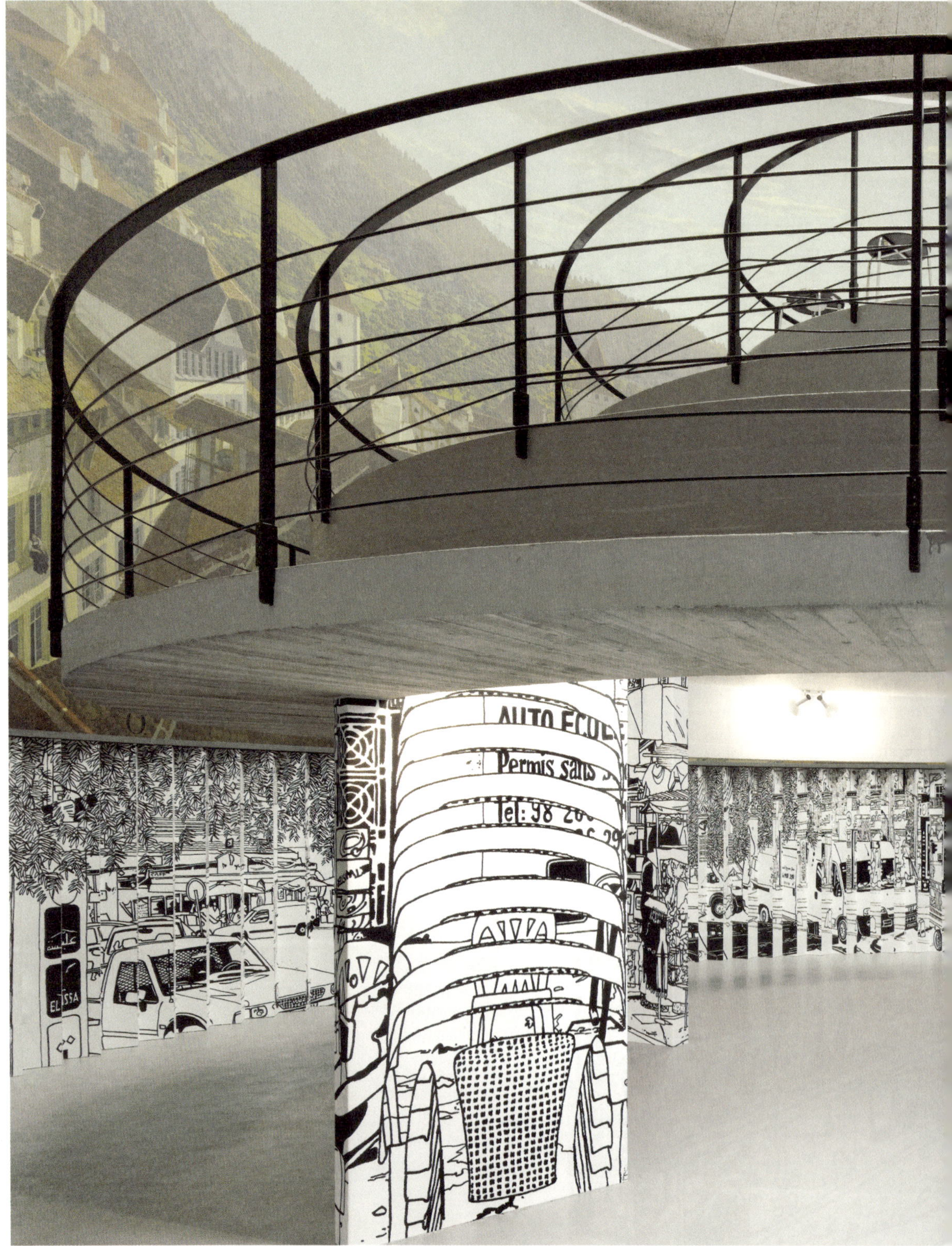
AUTO ECOLE
Permis sans
Tel : 98 200
ELISSA

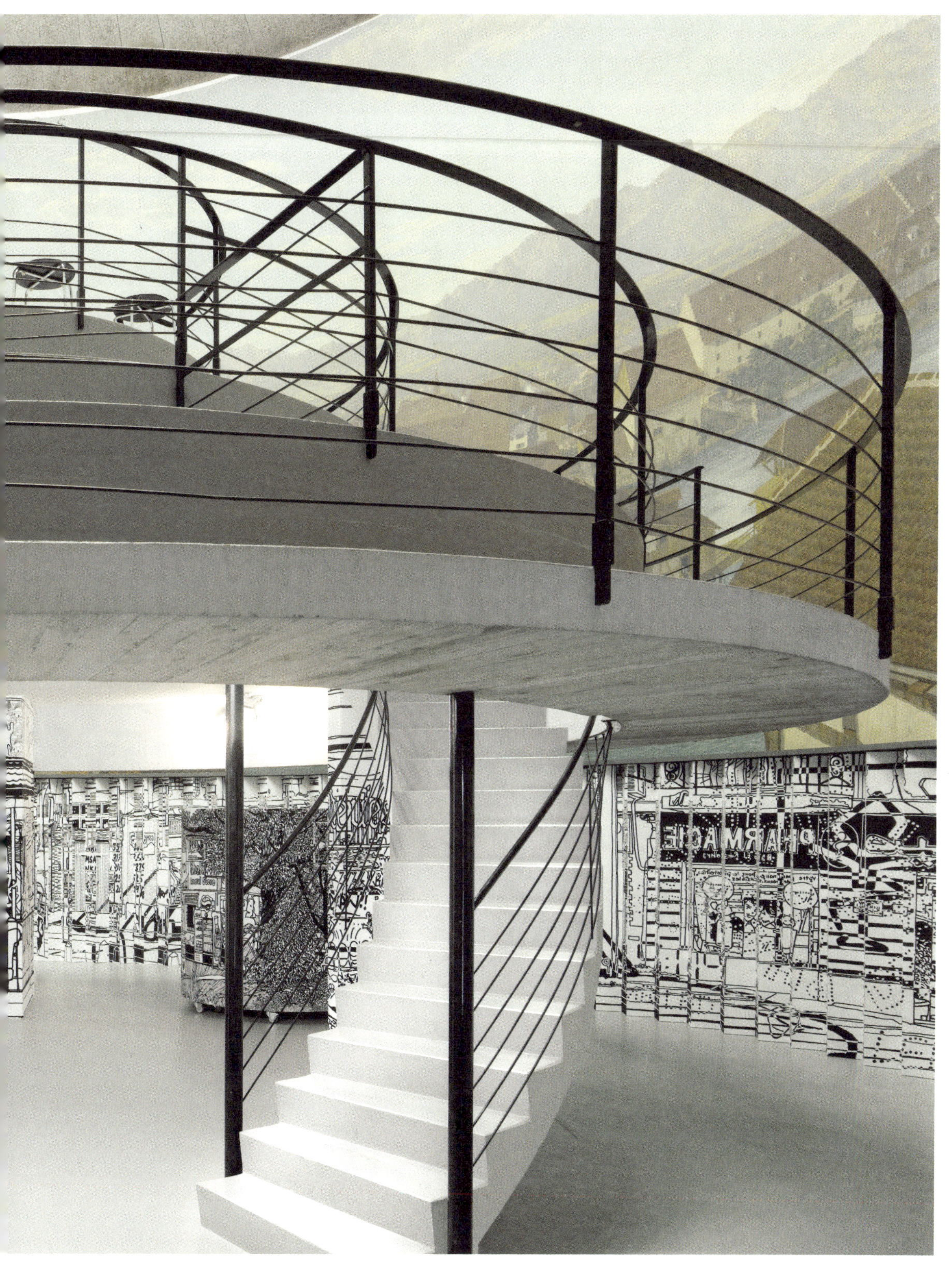

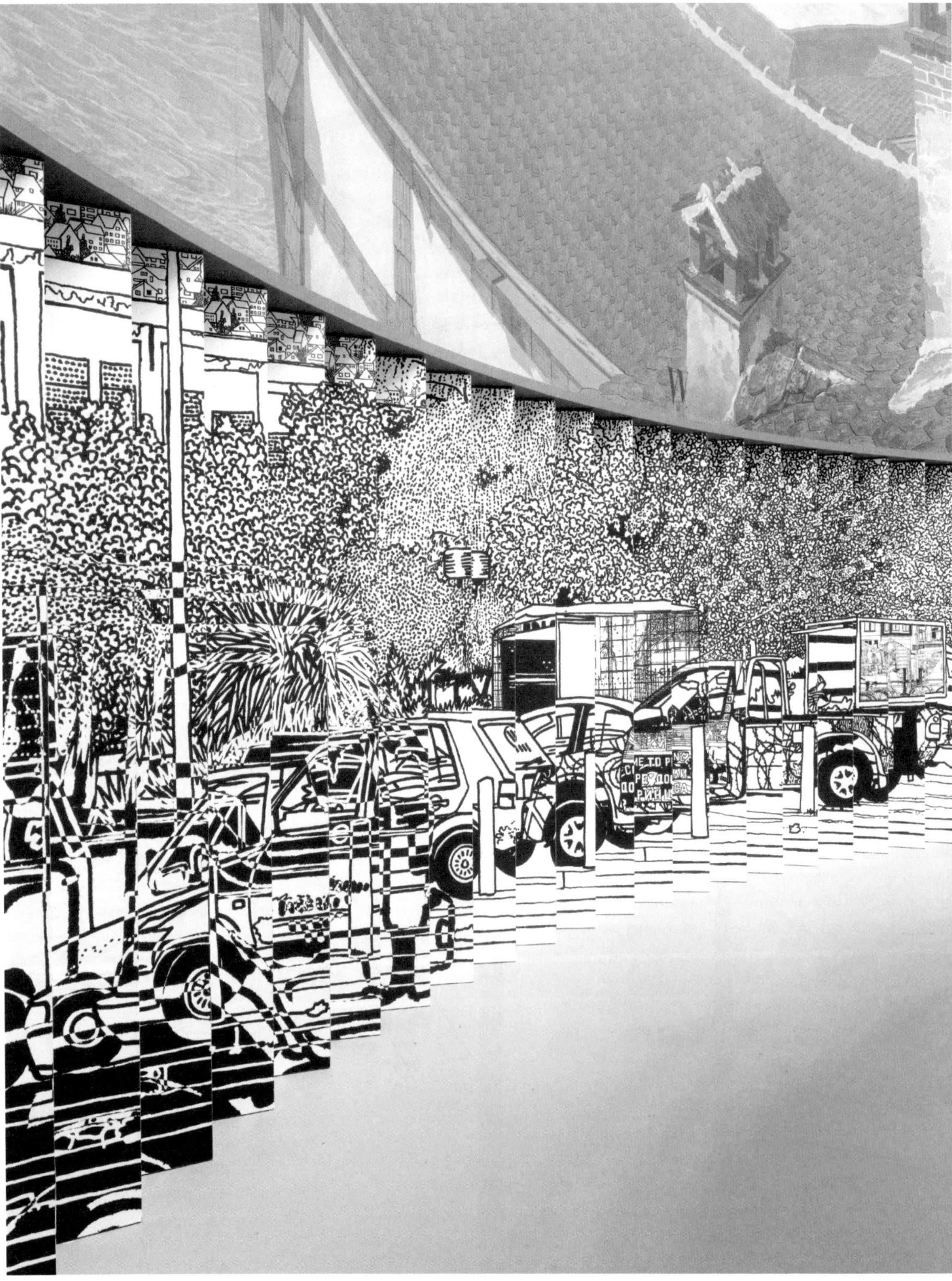

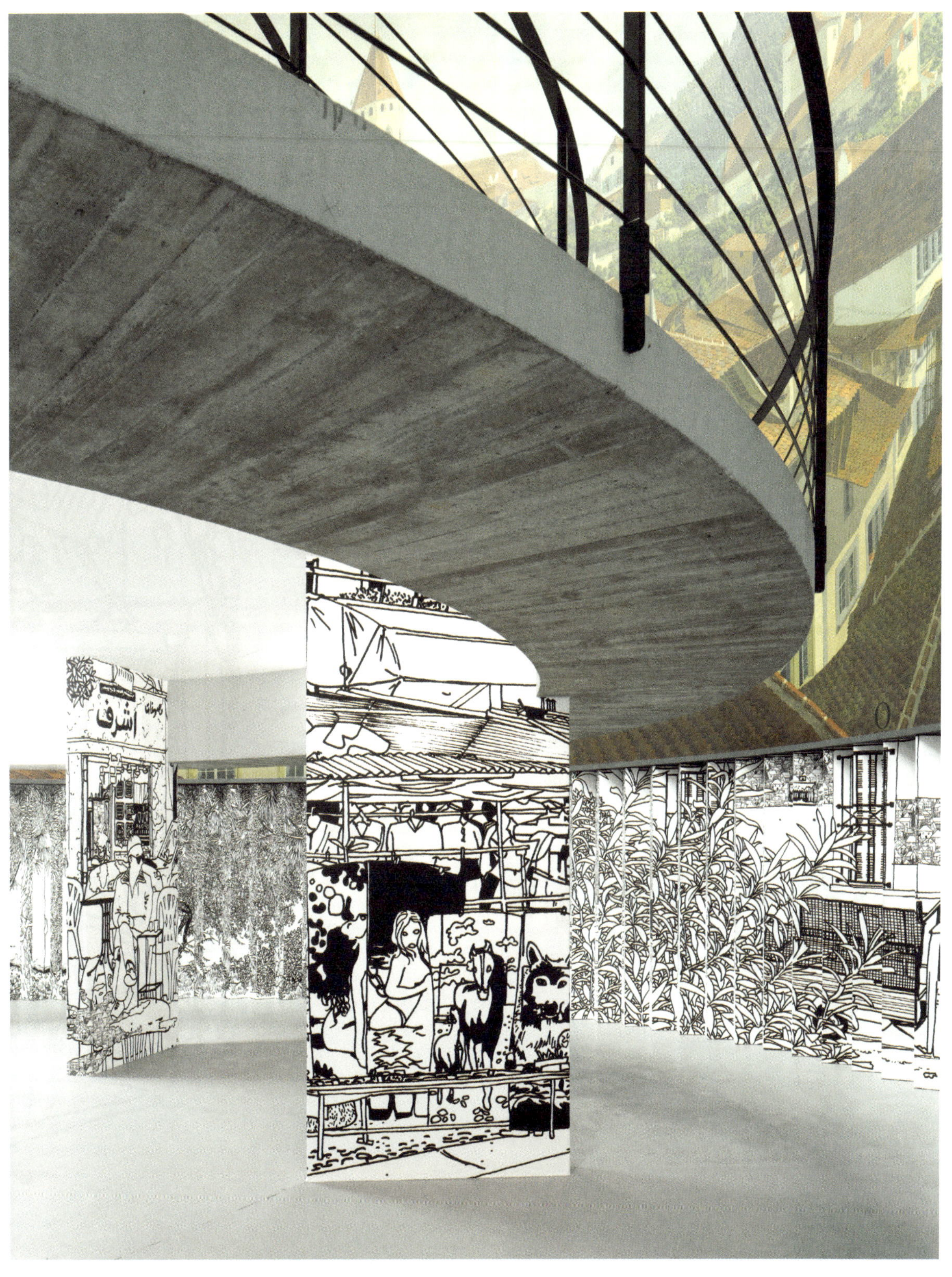

مطاعم اشرف

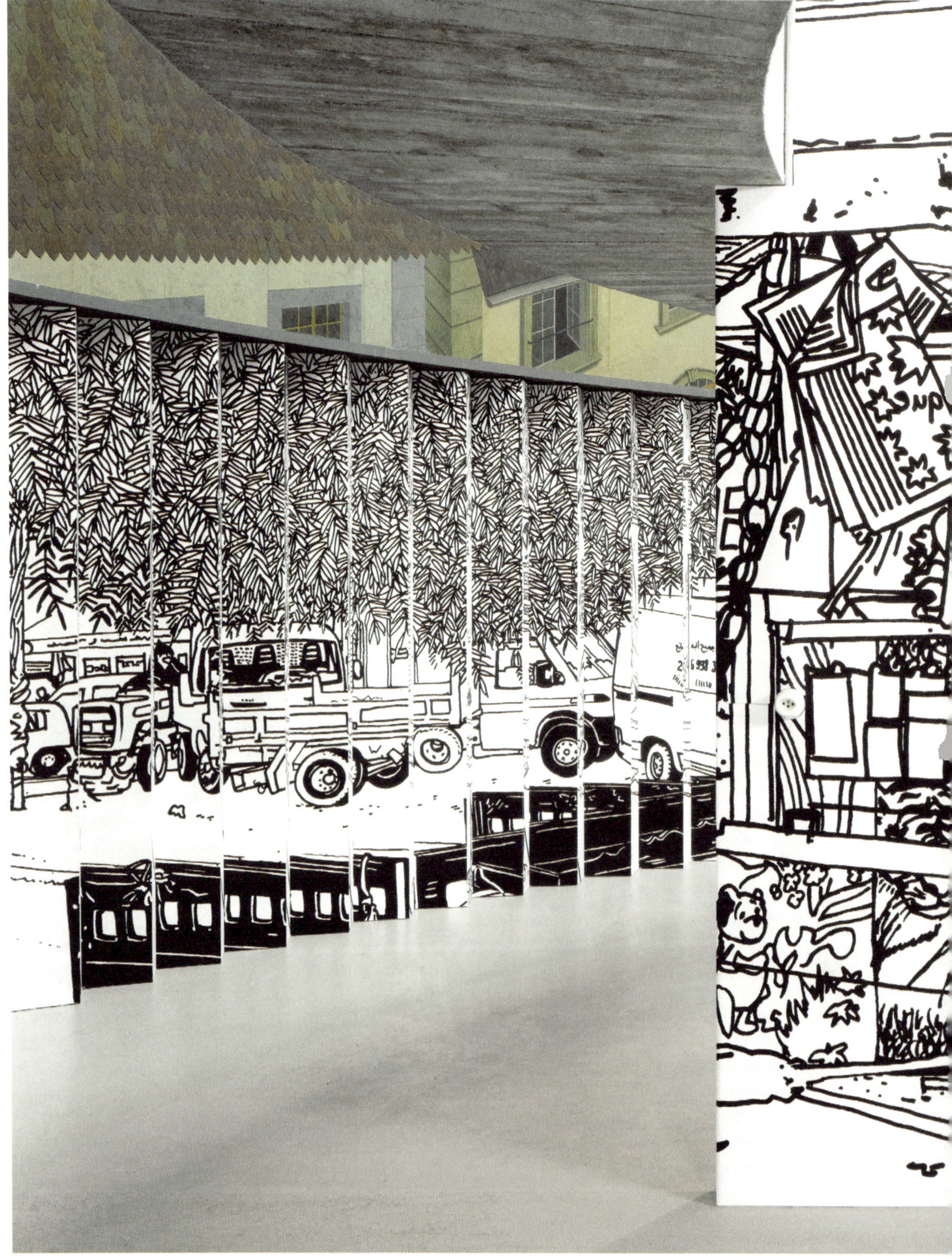

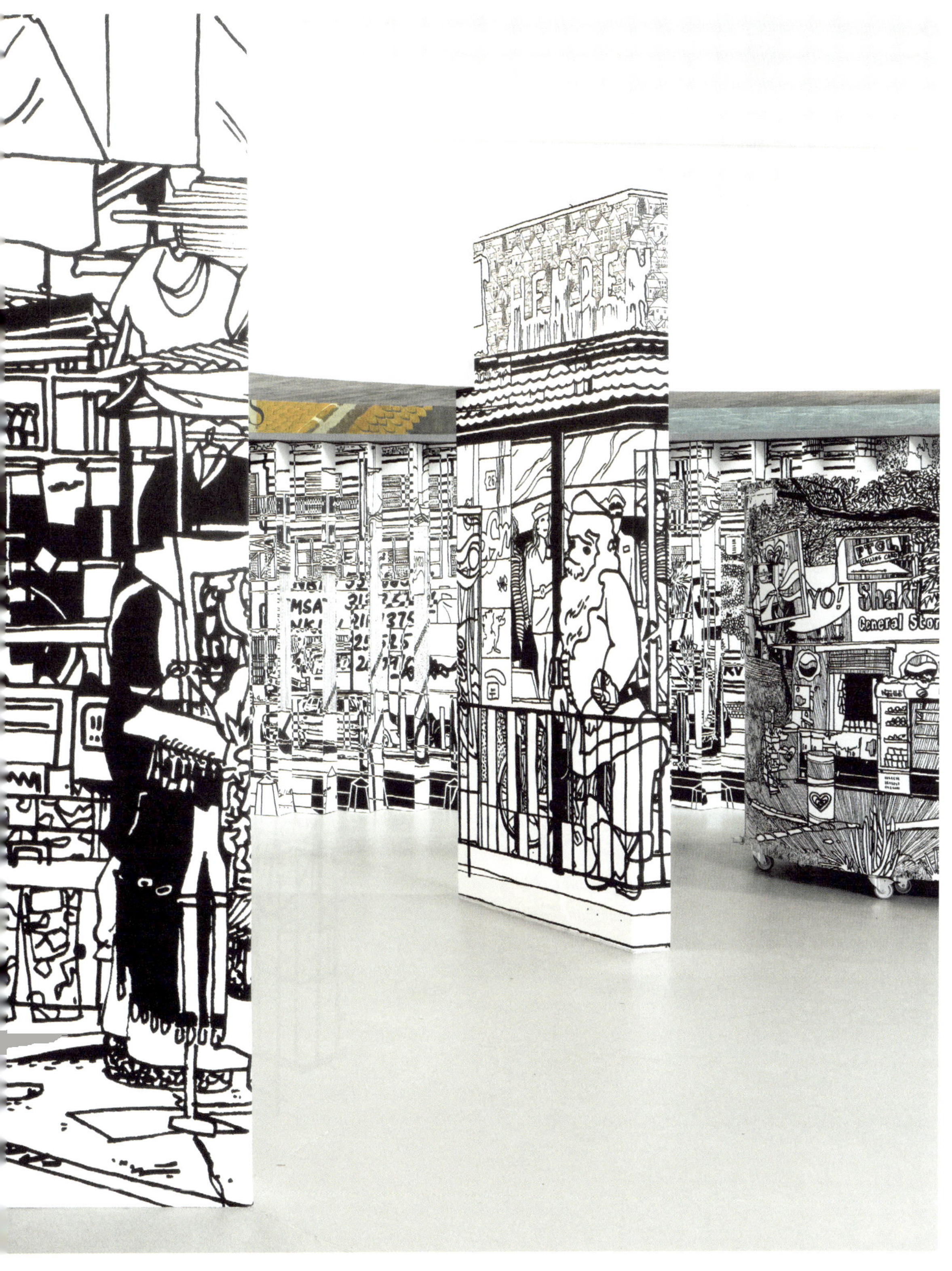

THE KIDS
Shaki
General Store
YO!

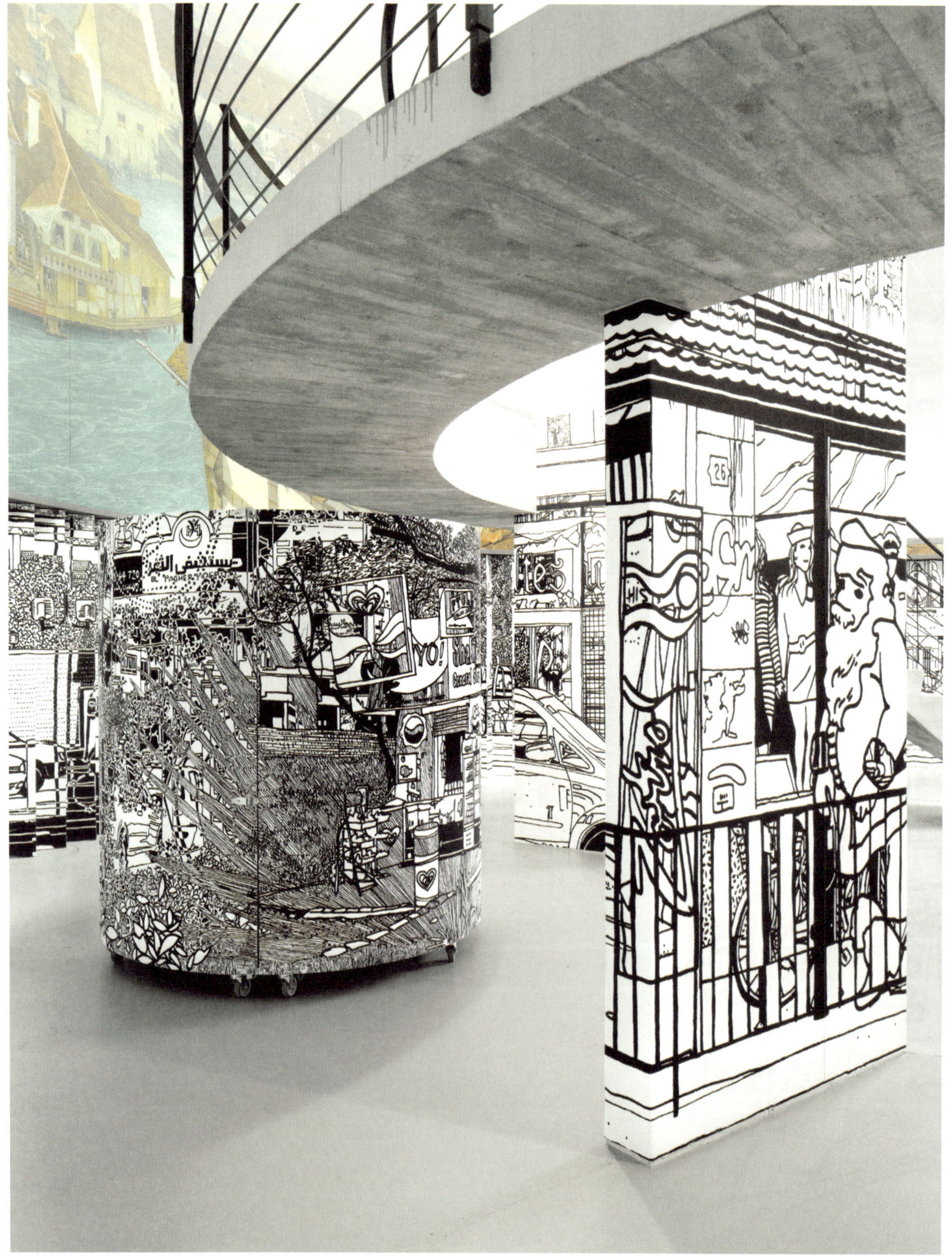

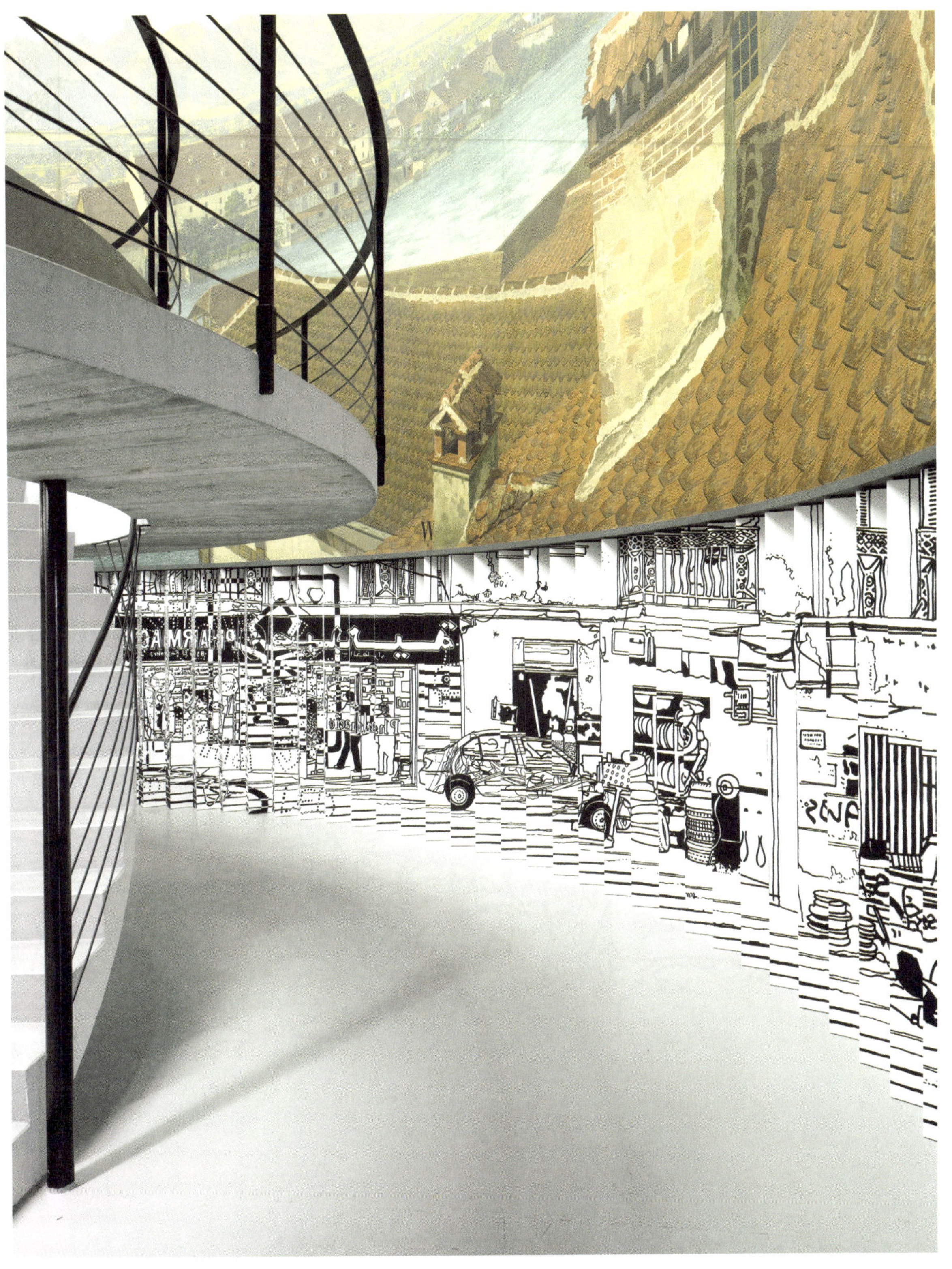

PHARMACIE
صيدلية

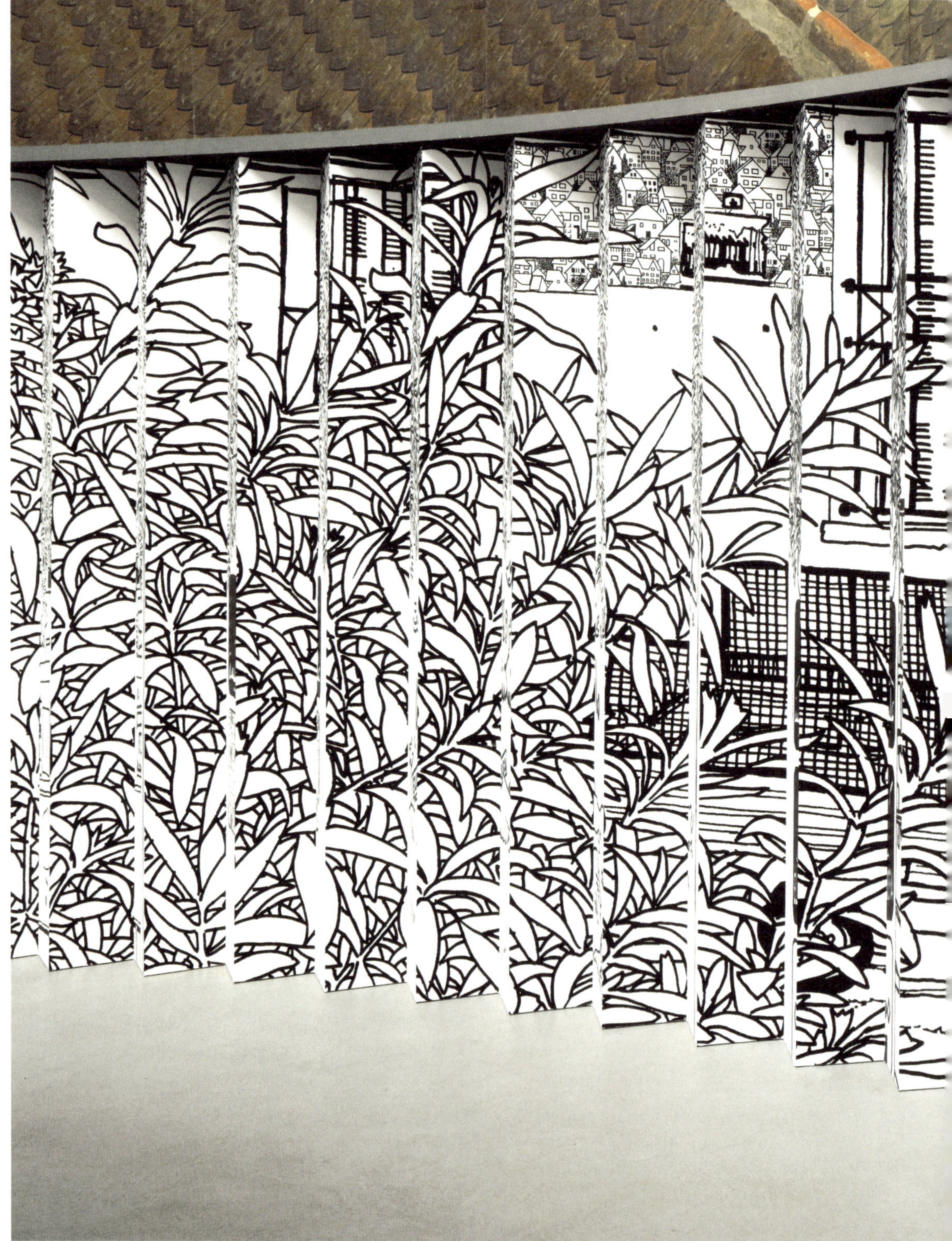

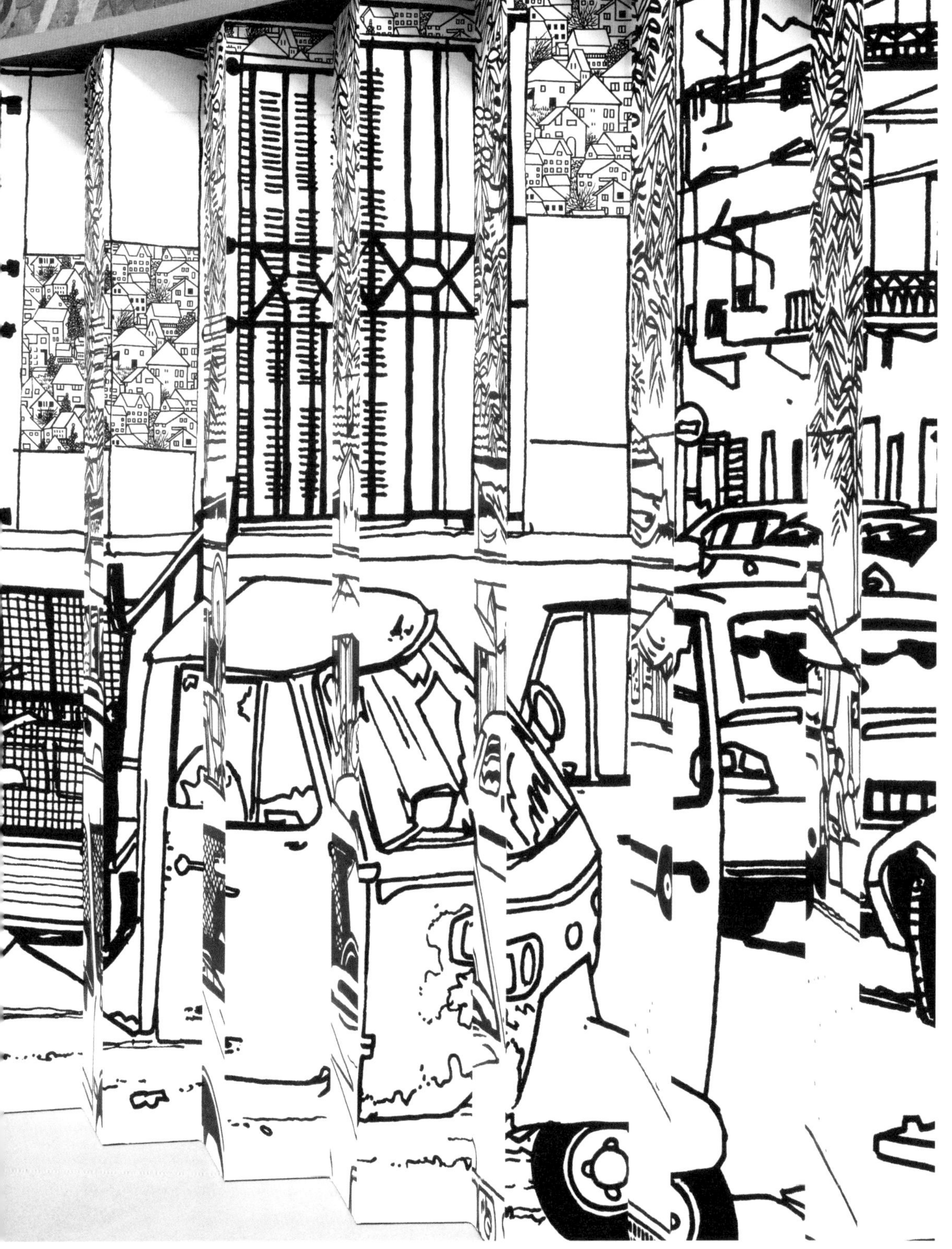

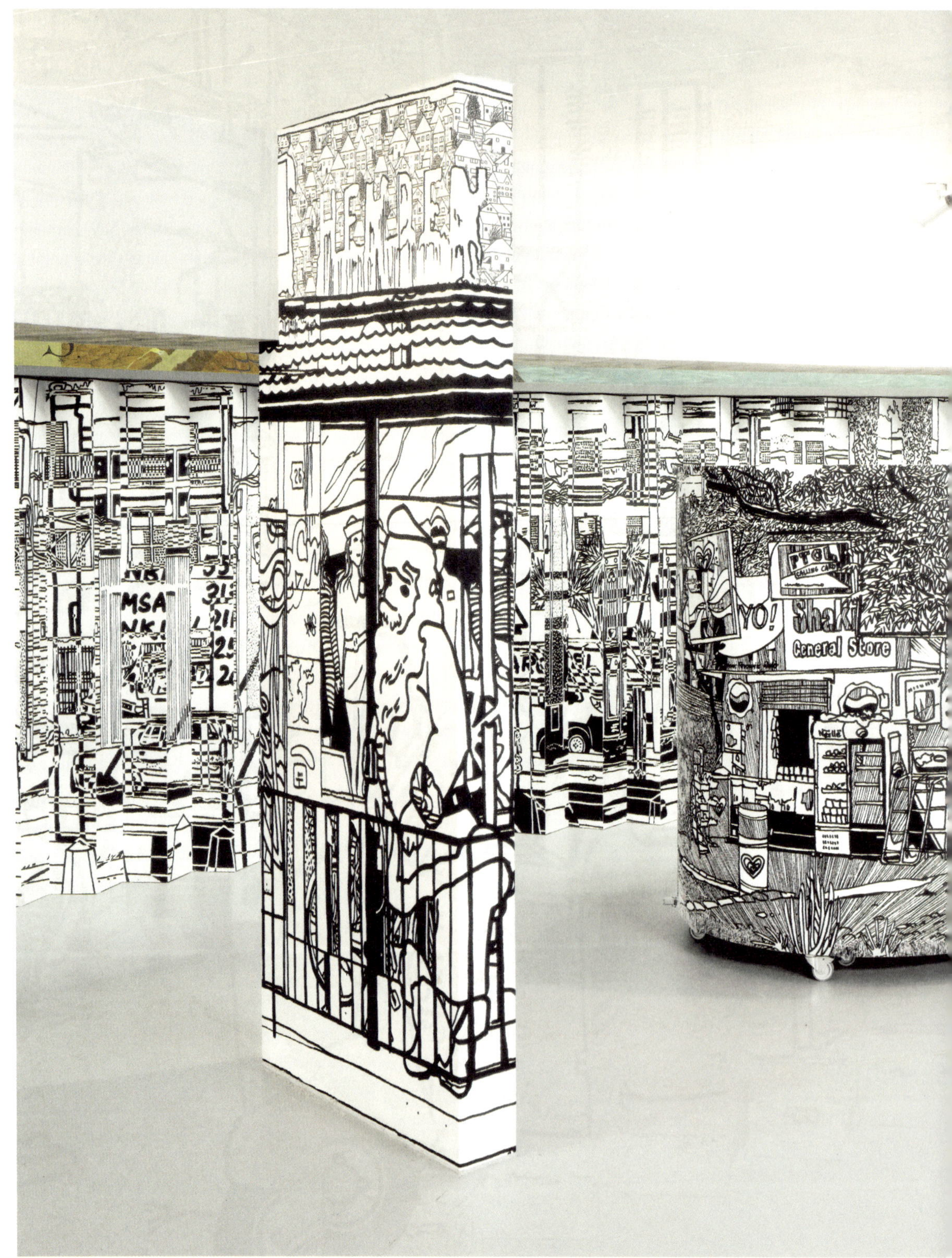

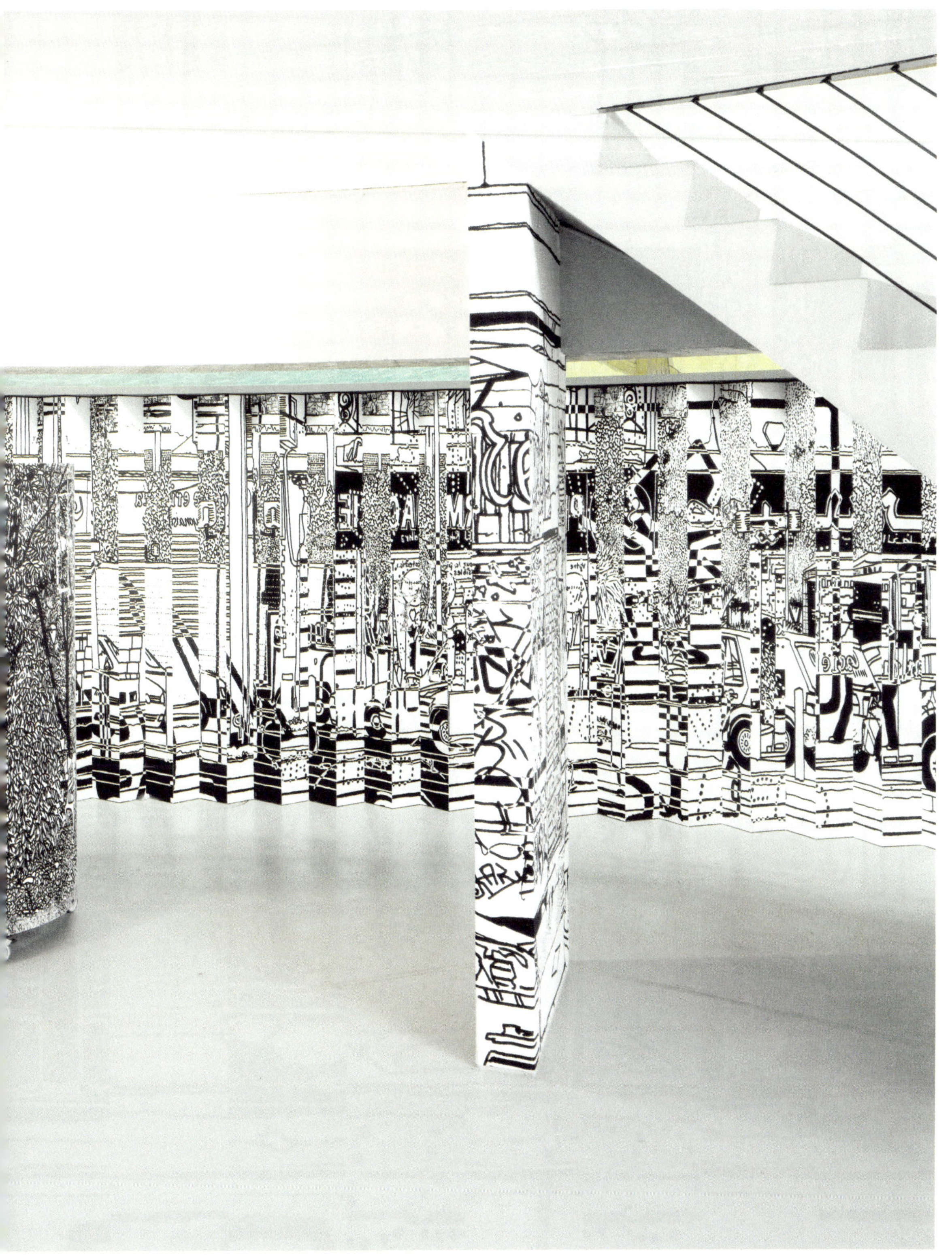

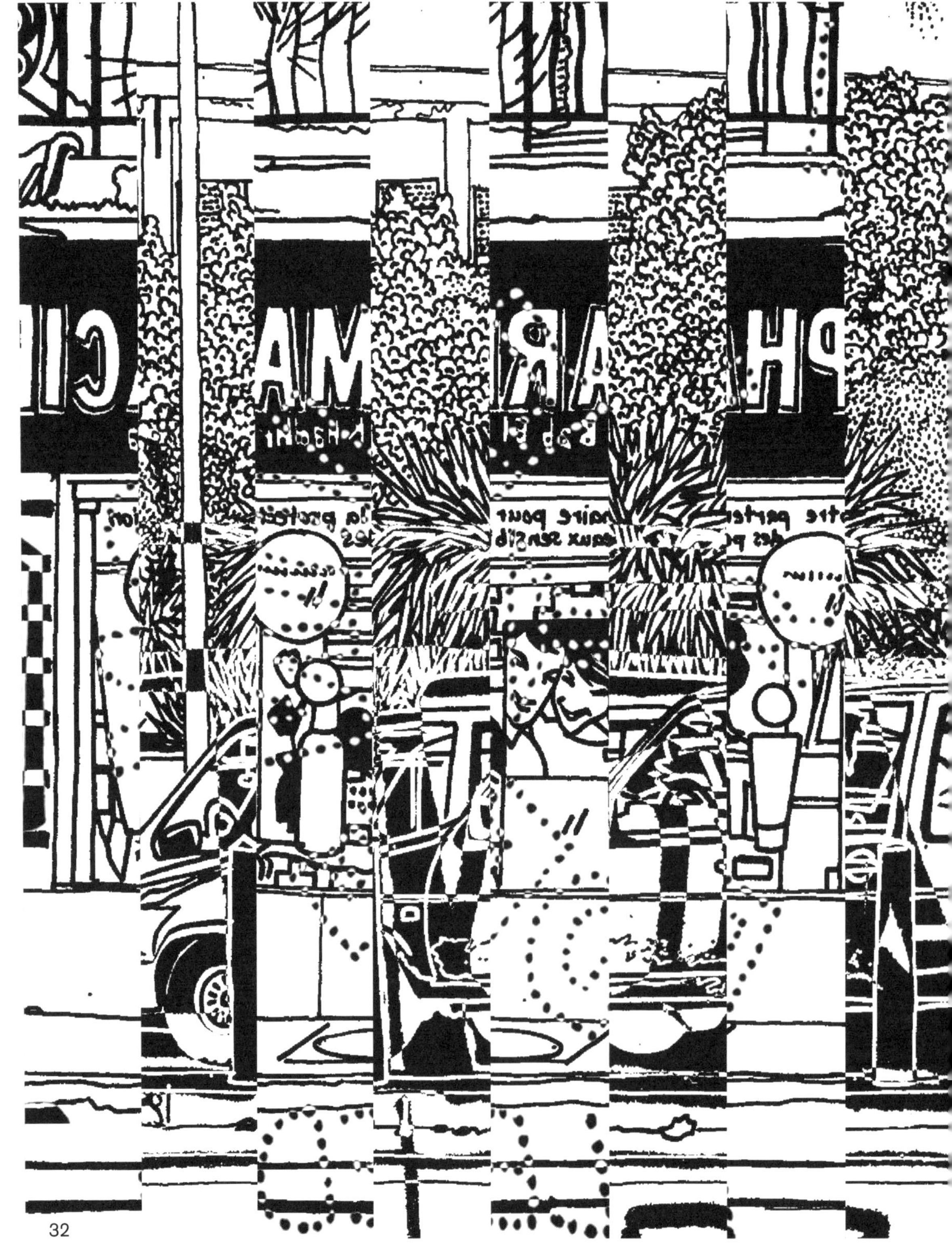

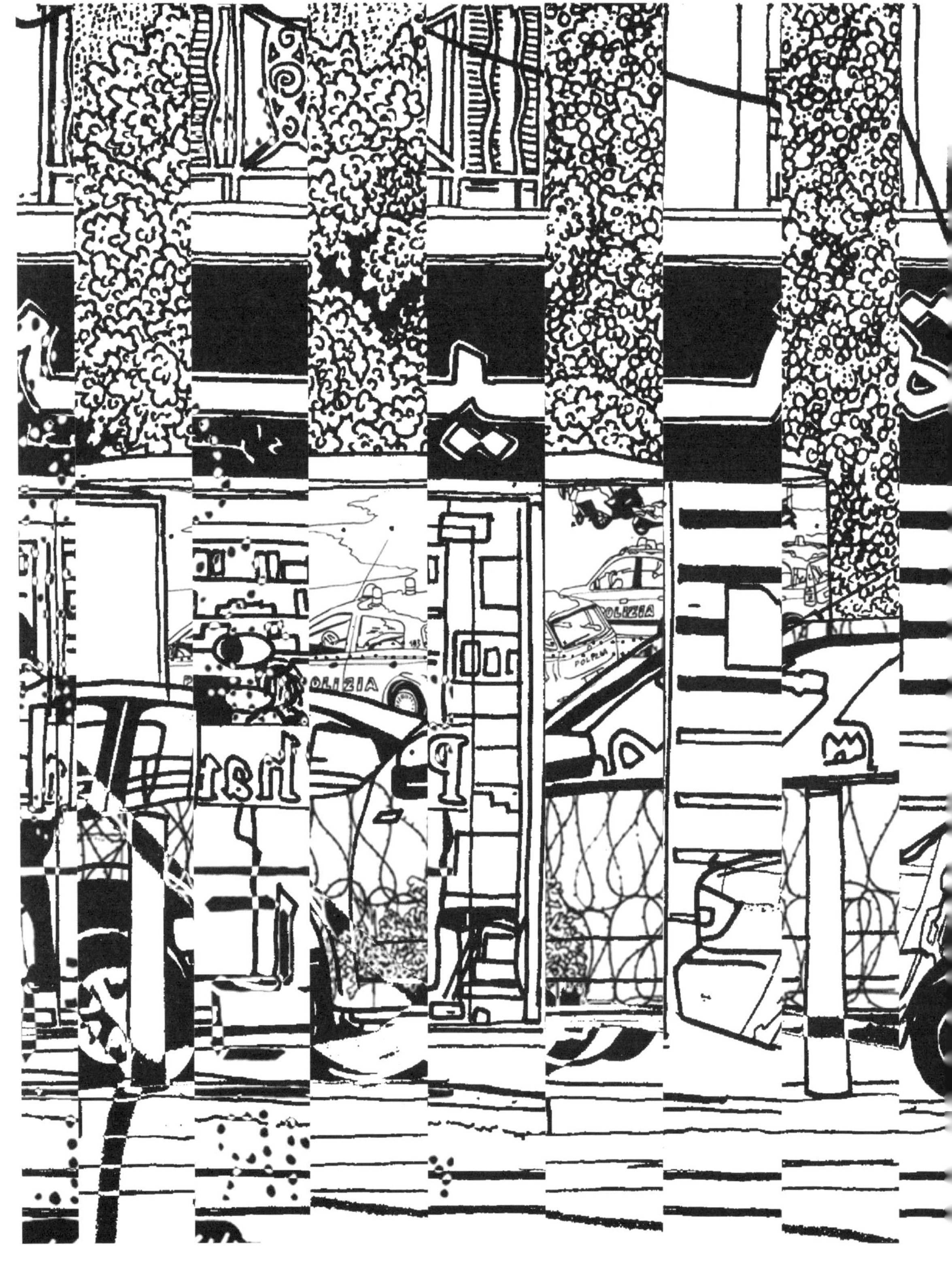

POLIZIA
POLIZIA
POLIZIA

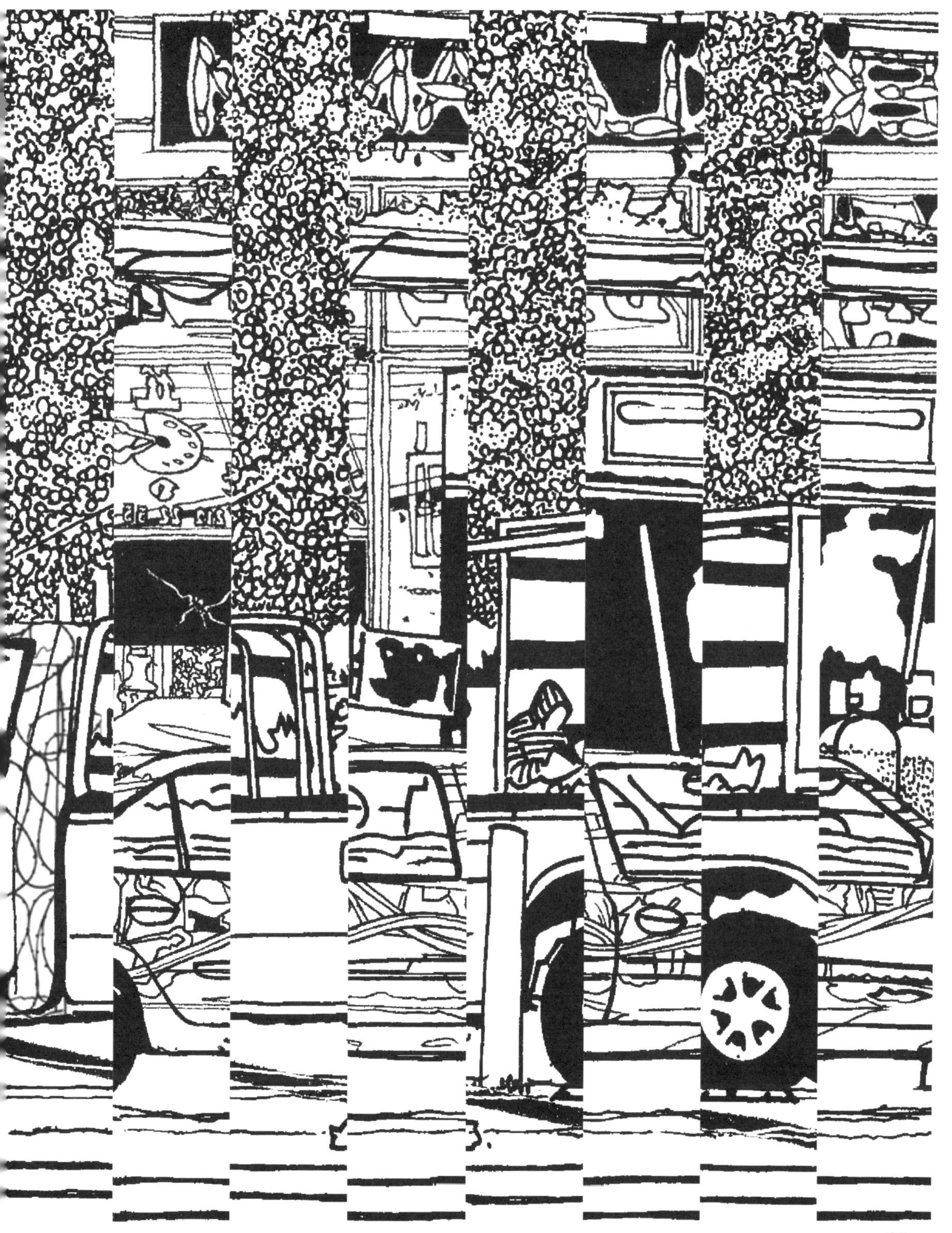

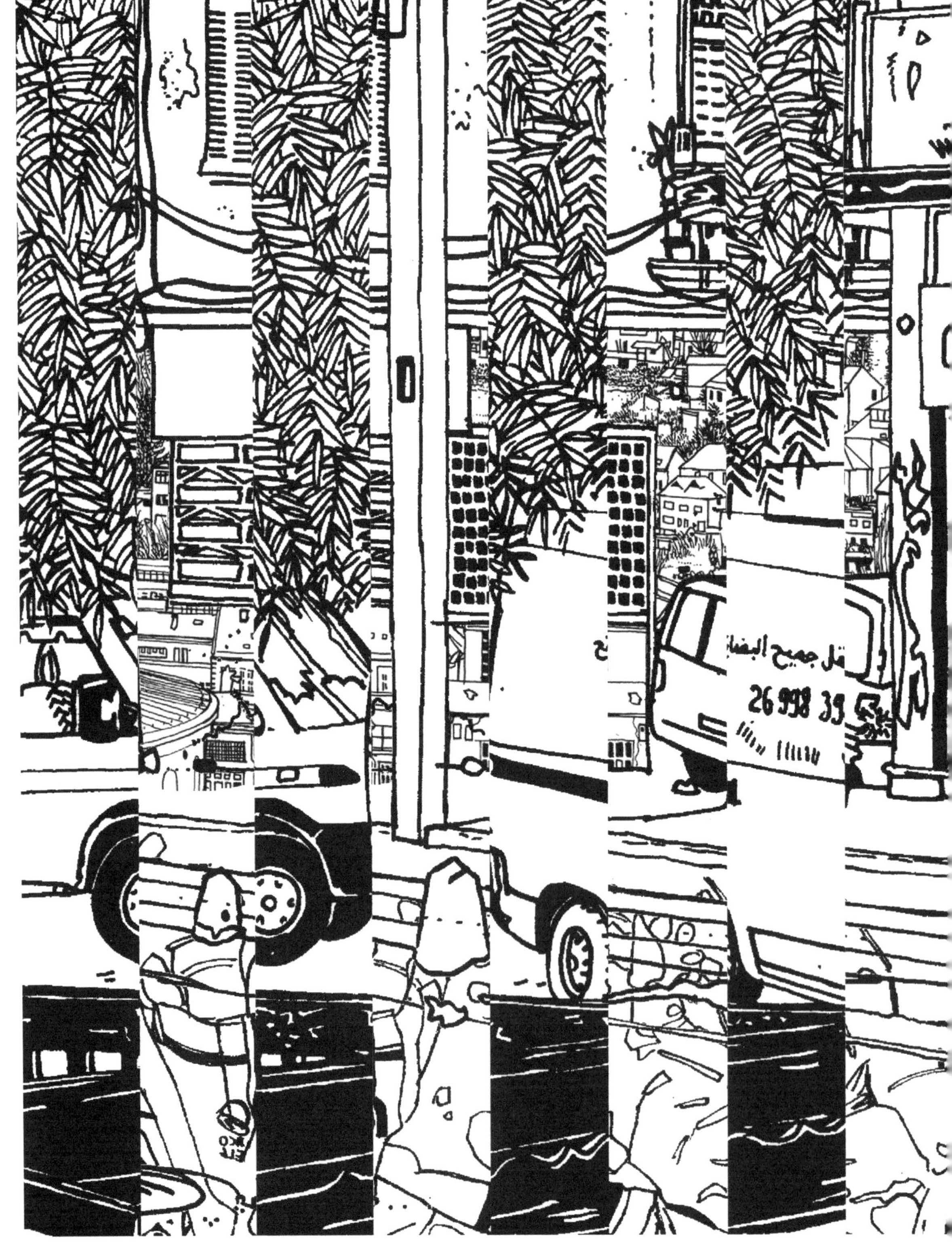
نقل جميع البضائع
26 998 35

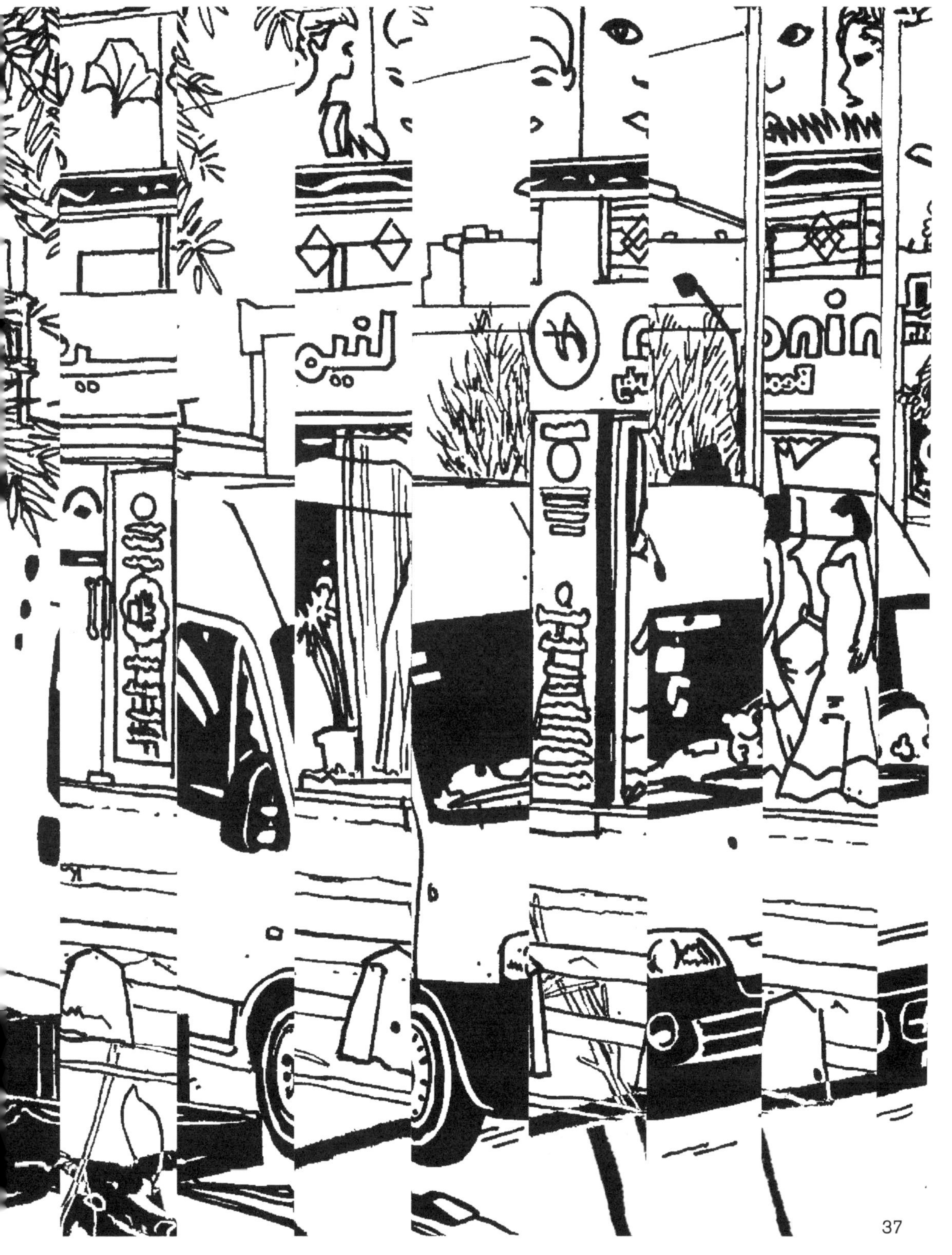

لينة
nin
Bea

Bilder der Stadt

Fragt ein Kind seine Eltern im Jahr 2212, wie die Menschen vor 200 Jahren lebten, ja wie die Welt damals aussah, dann könnten die Zeichnungen von Ingo Giezendanner weiterhelfen. Aufgebaut aus einer Fülle gleichberechtigt nebeneinanderstehender Elemente, zeigen sie einen Blick auf unsere heutigen Städte, der detailversessen all die Dinge dokumentiert, die unsere alltägliche urbane Umgebung ausmachen. Aber auch im Hier und Jetzt, in einem Moment, in dem man über das Leben in 200 Jahren nur spekulieren kann, erlauben die Zeichnungen es, sie gleichsam von einer zeitlosen Warte aus anzuschauen. Die 50 Meter lange, von Giezendanner in Auseinandersetzung mit dem Thun-Panorama von Marquard Wocher entwickelte und unmittelbar darunter ausgestellte Panorama-Installation rundherundherundherum (2012) drängt eine derartige Betrachtung geradezu auf.

Die Panoramen von Wocher und Giezendanner verbindet die ihnen übergeordnete Thematik. Beide halten das alltägliche Treiben in einer städtischen Umgebung in einer Momentaufnahme fest, beide erzählen mit einer schier unendlichen Liebe zum Detail vom sich dort abspielenden Leben. Ihre Umsetzung hingegen könnte unterschiedlicher kaum sein: Malt der eine Künstler in Farbe, beschränkt sich der andere auf strenges Schwarz-Weiss; wählt der eine einen erhöhten Standpunkt, setzt sich der andere mitten ins Geschehen; zielt der eine auf eine illusionistische Täuschung, spielt der andere mit der Optik. Diese Aufzählung könnte noch lange fortgesetzt werden. Schnell wird allerdings klar, dass die Divergenzen insbesondere auf zeitlich bedingte Bedürfnisse zurückzuführen sind. Wocher skizzierte sein Thun-Panorama 1808 auf der Rückreise vom Hirtenfest von Unspunnen in Thun. Umgesetzt hat er es dann von 1809 bis 1814 in Basel, wo es schliesslich auch ausgestellt wurde. Mehr als 30 Jahre vor der Eröffnung der ersten Zugstrecke in der Schweiz und knapp 20 Jahre vor der ersten Fotografie überhaupt sollte es der Basler Bevölkerung die Schönheit des Städtchens im Berner Oberland vor Augen führen. Dass er dafür den Blick von einem Dach in der Thuner Altstadt gewählt hat, von wo die herausragenden Sehenswürdigkeiten in einer Rundumschau sichtbar sind, ist programmatisch, ebenso wie der Bedacht des Künstlers, den Ort möglichst wahrheitsgetreu abzubilden. Nicht nur der gewährte Einblick in das alltägliche Treiben der Kleinstadt Thun lässt uns so noch heute erahnen, wie das Leben von damals ausgesehen hat; auch die schlichte Tatsache der Realisierung des Panoramas und die Art seiner Umsetzung spiegeln den Geist der Zeit.

Wie Wocher ist auch Giezendanner ein Flaneur, ein Weltenbummler, der sich als Chronist seiner Umgebung bis über die Landesgrenzen hinaus einen Namen geschaffen hat. Wo auch immer er sich gerade befindet, sei es in Berlin, Belgrad oder Baku, sei es in Kampala, Kassel oder Karatschi, überall hält er das, was ihn umgibt, mit sicherem Strich auf Papier fest. Nie geht es ihm dabei aber um den pittoresken Ort mit seinen historischen oder architektonischen Wahrzeichen, wie er gerne auf Postkarten abgebildet wird. Seine Aufmerksamkeit gehört vielmehr den unscheinbaren Gegenden, den Ecken und Winkeln, an denen normalerweise vorbeigehastet wird. Ausgangspunkt für rundherundherundherum bildet denn auch eine Reise — in diesem Fall in die sich ganz ähnlich anhörende und fast auf dem gleichen

Längengrad wie Thun befindliche Stadt Tunis. Auf einem Platz etwas ausserhalb des Stadtzentrums sitzend, dokumentierte Giezendanner dort während einer Woche in einer 360-Grad-Zeichnung das Geschehen rund um ihn herum (S. 46–81, 102–103).

Standen bei Wochers Thun-Panorama die möglichst wahrheitsgetreue Wiedergabe des Ortes und dessen Erkennbarkeit im Zentrum, so ist dies beim ‚Tunis-Panorama‘ nur bedingt der Fall. Giezendanner interessiert sich bei seinem Rundbild in erster Linie für das Konstrukt ‚Stadt‘ auf einer übergeordneten Ebene. Allgemeiner könnte er seinen Blick auf Tunis auch kaum gewählt haben: Er zeigt dicht befahrene Strassen, unspektakuläre Häuserzeilen, im Verfall begriffene Mauerfragmente, sich ausbreitendes Gestrüpp — und damit eine städtische Szenerie, deren Hauptbestandteile in ganz ähnlicher Form auch an anderen Orten auf der Welt anzutreffen sind. Sein Augenmerk gilt dabei vor allem dem sich in dieser Umgebung abspielenden alltäglichen Leben und den Spuren, die dieses hinterlässt. Da sind etwa die vollgestopften Schaufenster, mit denen die Händler ihre Ware anpreisen; da sind die verschieden geformten Strassenpfosten, welche die Fahrbahnen voneinander trennen; da sind die Parabolantennen, mit denen ihre Besitzer Rundfunk aus aller Welt empfangen. Egal wie imposant oder bedeutungslos, jede Kleinigkeit scheint Eingang in die Abbildung gefunden zu haben. Die Darstellung liest sich so wie eine Inventarliste aus den Elementen, die das städtische Leben ausmachen und die man aufgrund ihrer Alltäglichkeit schon lange nicht mehr wahrnimmt.

Zurück in seinem Atelier hat Giezendanner seine Panoramazeichnung digital mit schon früher irgendwo auf der Welt skizzierten Elementen ergänzt, in Streifen verschnitten und neu zu einem Ganzen zusammengesetzt. Auf über 100 Quadratmeter Papier ausgedruckt, wird dieses nun direkt unterhalb des Thun-Panorama präsentiert (S. 10–31). Mit Betreten der rundherundherundherum-Installation gelangt man so in eine Welt, die aus einem dichten Netz aus Linien, Punkten und Strichen aufgebaut ist. Unzählige visuelle Informationen überziehen Wände und Pfeiler und lassen das Auge kaum zur Ruhe kommen. Man muss sich in der Installation zuerst orientieren. Ist das klassische Panorama ganz auf die illusionistische Wirkung hin ausgerichtet, spielt Giezendanner mit der Optik. Er präsentiert seine Stadtlandschaft nicht flach auf der leicht gekrümmten Wand, sondern ähnlich einer Handorgel in Falten gelegt, fast als hätte Platzmangel ihn gezwungen, die Oberfläche künstlich zu vergrössern. Je nach Sehrichtung entfaltet sich ein anderer Panoramateil. Das Bild als Ganzes ist aber nie auf einen Blick zu erkennen. Wie in der realen Stadt ist man gezwungen, sich in der Installation zu bewegen. Erst auf diese Weise setzen sich die einzelnen Fragmente, wie ein Film, zu einer Darstellung zusammen: Blättergewirre verdichten sich zu Büschen und Baumkronen; gerasterte und schraffierte Flächen verbinden sich zu Zäunen und Gittern; Linien und abstrakte Formen verknoten sich zu Stromleitungen und Häuserfassaden.

Mit dem Sampling von Bildelementen, dem Verweben unterschiedlicher Bildquellen und der Überflutung mit Bildinformationen nutzt Giezendanner die nervöse, fast atemlose Bildsprache einer MTV-Generation und deren körperliche Wirkung. Der dynamische Rhythmus der Stadt wird deutlich spürbar. Diese Energie ist ebenfalls dem flinken, immer die gleiche Stärke aufweisenden Strich zu verdanken.

Dieser behandelt jedes Einzelstück genau gleich, macht keine Unterscheidung zwischen Vorder- und Hintergrund und verhindert so eine optische Tiefenschärfe. Ohne jegliche Hierarchie füllen die Objekte den Raum in einem Nebeneinander. Es wird eine gewisse Unübersichtlichkeit gefördert, eine vermeintliche Instabilität zwischen den Dingen erzeugt und der Zeichnung eine Offenheit zur Veränderung gegeben. Die Stadt wird so nur schon mit rein zeichnerischen und installativen Mitteln als ein kollektiver Möglichkeitsraum beschrieben, als Ort, in dem Altes Neuem weicht und der sich also in einem konstanten Wandel befindet. Dies thematisiert aber auch die Darstellung selber.

Giezendanners rundherundherundherum zeigt eine vibrierende Stadt, die aus allen Nähten zu platzen droht. Eng an eng bewegen sich etwa die Fahrzeuge durch die schmalen Gassen, vorbei an den halb auf dem Gehsteig, halb auf der Strasse abgestellten Autos. Über deren Beulen und Dellen an Kotflügel und Seitentür wundert man sich kaum. Im Gegenteil — dass der Garagist seine Vehikel gleich auf dem Fussgängersteig repariert, erscheint nur praktisch. Mit zahlreichen kleinen Beobachtungen erzählt das Panorama so vom öffentlichen Raum, dessen Nutzung von den Einzelnen und der Gemeinschaft in einem immerwährenden Prozess neu ausgehandelt werden muss. Die zahlreichen Tags und Graffiti, die sich wie eine zweite Haut über die Fassaden gelegt haben, gehören ebenso dazu wie das Unkraut, das sich durch die kleinsten Risse im Boden sein Recht auf Leben erkämpft, oder die Kabel, die in dicken Bündeln nur notdürftig an den Hausmauern angebracht sind. Unzählige Details berichten von Zwischennutzungen und provisorischen Notlösungen und machen die Stadt als dynamisches, sich konstant neu organisierendes und neu gestaltendes Konstrukt sichtbar, ganz ähnlich, wie dies von Boris Groys in Worte gefasst wurde. „So ist die Stadt Ort der Revolutionen, der Umbrüche, der ständigen Neuanfänge, der flüchtigen Moderne, der permanent wechselnden Lifestyles geworden. (...) Diese Stadt der ewigen Vorläufigkeiten, (...) in der alles ständig zur Sprengung und zur Verbrennung freigegeben wird, weil immer erneut versucht wird, für das Kommende, für das Zukünftige einen freien Platz zu schaffen (...)."[1]

Mit dem ‚Tunis-Panorama' rundherundherundherum stellt Giezendanner Wochers romantischem Blick auf die Idylle der Kleinstadt Thun ein Porträt der heutigen Stadt gegenüber. Den Fokus auf die Schönheit der für die Ewigkeit gebauten Monumente im Thun-Panorama hat er dabei radikal durch dessen Gegenteil ersetzt. Seine Stadt ist von der eigenen Vergänglichkeit und der eigenen stetigen Neugeburt geprägt. Gleich wie bei Wocher ist aber vor allem eines: die unglaubliche Lust, die es bereitet, sich in der Stadt umzuschauen, all die Kleinigkeiten zu erkunden und sich den Geschichten hinzugeben, die diese vom Leben erzählen.

Petra Giezendanner & Siri Peyer

[1] Boris Groys: „Die Stadt im Zeitalter ihrer touristischen Reproduzierbarkeit" in: Topologie der Kunst, Carl Hanser Verlag München Wien, 2003, S.188

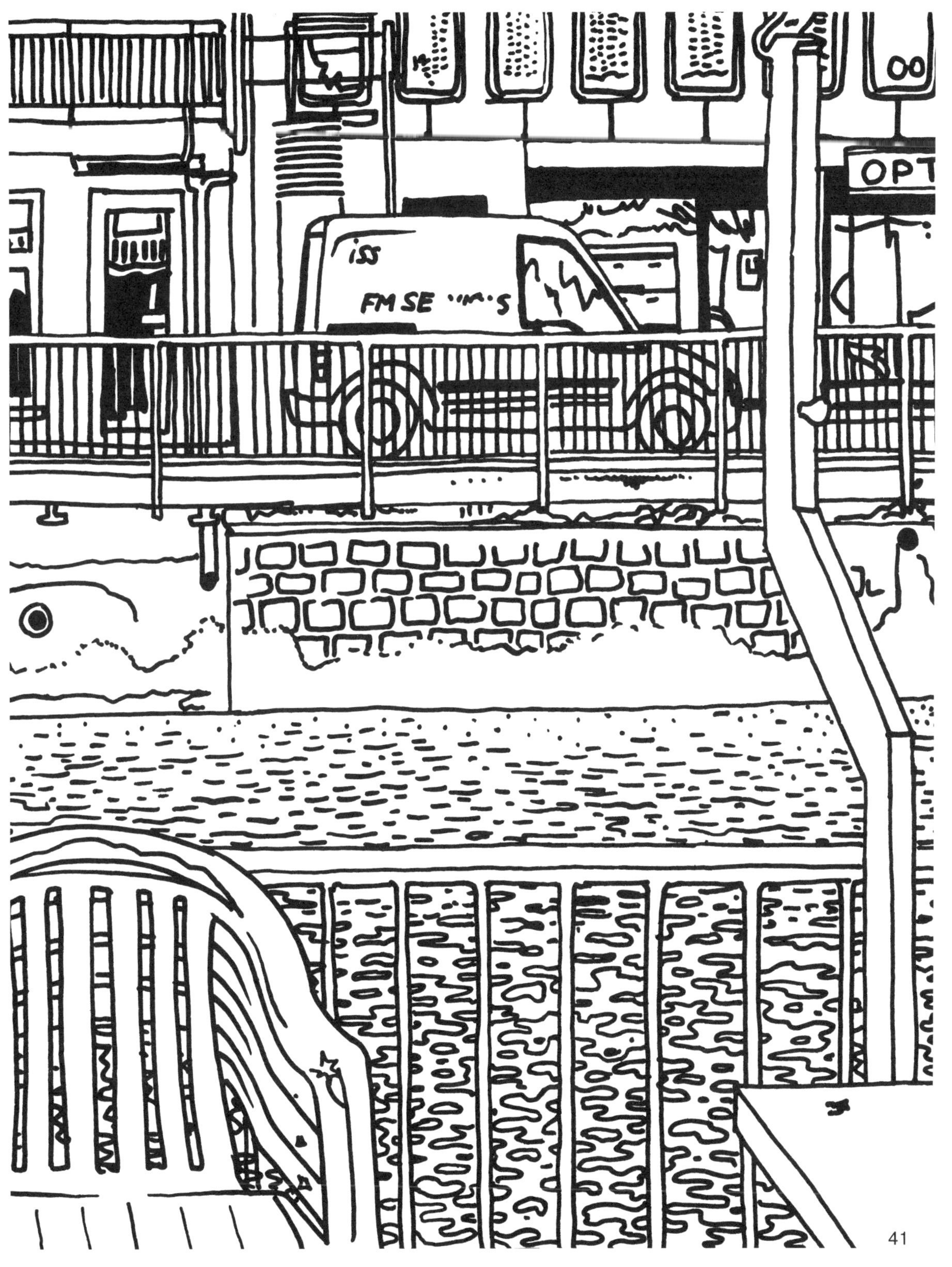

iss
FM SE ···M··S
OPT
8

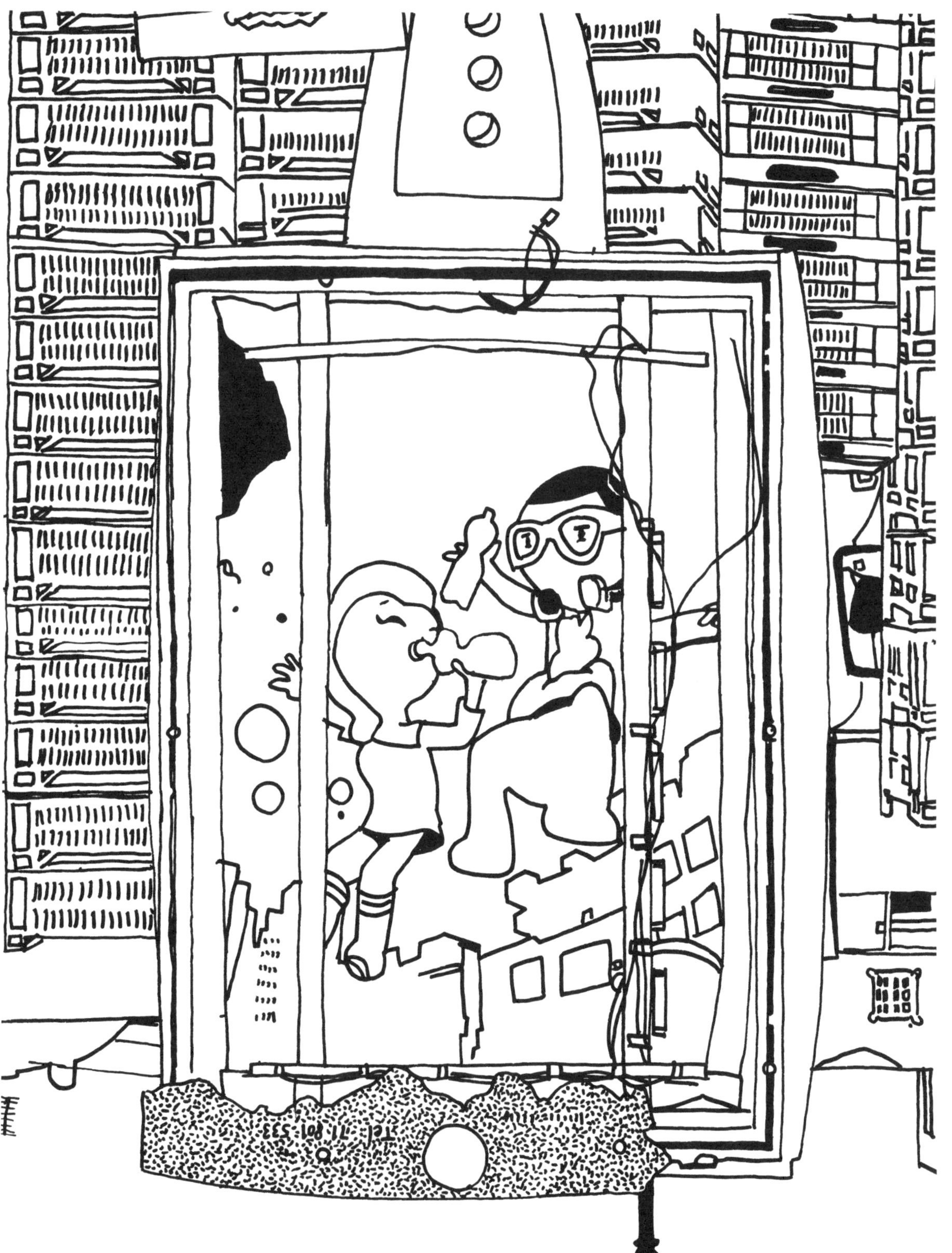

Tel. 71 901 533

Pictures of the Town

If a child asked its parents in 2212, how people lived 200 years ago, and how the world looked like back then, Ingo Giezendanner's drawings might come in handy. Made up of a multitude of elements collocated side by side, they give a glimpse of our cities today, documenting in great detail all the things that our everyday urban environment consists of. But also in the here and now, in a moment in which one can only speculate about life in 200 years, the drawings allow us to look at them from, as it were, a timeless perspective. The 50 metres long panorama installation rundherundherundherum (2012) by Giezendanner seems to force us into such a consideration. It was created through engagement with the Thun-Panorama by Marquard Wocher and is exhibited directly below it.

The panoramas by Wocher and Giezendanner are connected by their generic topic. Both show a snapshot of the everyday bustle in an urban environment, and with an almost endless attention to detail, they both tell about the life played out there. Their execution, however, could not be more different. While one artist paints in colour, the other limits himself to strict black and white. Whereas one chooses a high vantage point, the other is in the middle of the action. While one aims at illusionist deception, the other engages himself with the optics. This list could go on for a long time. It quickly becomes clear, however, that the differences can be mainly ascribed to temporal needs. Wocher sketched his Thun-Panorama in 1808 on his return journey from the feast of shepherds in Unspunnen. He executed it from 1809 to 1814 in Basel, where it was finally exhibited as well. More than 30 years before the opening of the first railway line in Switzerland and barely 20 years before the first photograph ever, it was meant to show the beauty of the town in the Bernese Oberland to the people of Basel. His selection of a rooftop view in the old town of Thun, from where the prominent landmarks are visible in an all-round view, was part of his scheme, just like the desire of the artist to depict the town as truthfully as possible. It is not only the insight given into the everyday hustle and bustle of the town of Thun that lets us guess even today what life looked like back then, but even the simple fact of its execution and the nature of its implementation reflect the spirit of those times.

Just like Wocher, Giezendanner is a flaneur, a world traveller, who as a chronicler of his environment has made a name for himself beyond the Swiss borders. Wherever he is located at a time, whether in Berlin, Belgrade or Baku, whether in Kampala, Kassel or Karachi, everywhere he records on paper all that surrounds him in assured strokes. He is never concerned about the picturesque location with its historical and architectural landmarks, as is often depicted on postcards. His attention is rather on the inconspicuous areas, the nooks and crannies that people usually brush past. The starting point for rundherundherundherum is a journey — here, to the quite similar-sounding Tunis city, which is almost on the same longitude as Thun. Giezendanner sat in a square, somewhat away from the city centre, and documented what was happening around him in a 360-degree picture. (pp. 46–81, 102–103).

While in Wocher's Thun-Panorama the focus was on the truest possible depiction of the town and its recognisability, it is only partly the case in the 'Tunis-

Panorama'. Giezendanner in his panorama is primarily interested in the construct 'city' at a higher level. He couldn't have selected a more general view of Tunis: he shows densely travelled roads, unspectacular rows of houses, decaying wall fragments, propagating brushwood— and thus an urban scene whose main components can also be found in a similar form in other places around the world. His focus is primarily on the everyday life played out in this environment and the traces left by it. There are for instance the crammed shop windows, where retailers advertise their goods; the variably shaped street poles that separate the road lanes from each other; the satellite dishes that allow their owners to receive broadcasts from around the world. No matter how impressive or insignificant, every little thing seems to have found entry into the picture. The image reads like an inventory list of the elements that make up the urban life and which, due to its banality, one does not see anymore.

Back in his studio, Giezendanner complemented his panoramic drawing digitally with pictorial elements that were sketched earlier somewhere in the world, he cut it into strips and newly assembled it into a whole. Printed on over 100 square metres of paper, this is now presented directly below the Thun-Panorama (pp.10–31). When entering the rundherundherundherum installation, one thus enters a world composed of a dense network of lines, dots and dashes. An enormous amount of visual information covers walls and pillars and scarcely give the eye a rest. First of all, one has to orient oneself within the installation. While the conventional panorama is entirely geared towards the illusionistic effect, Giezendanner plays with the optics. He doesn't present his urban landscape flat against the slightly curved wall, but similar to an accordion designed in folds, almost as if lack of space forced him to enlarge the surface artificially. Depending on the viewing direction, another part of the panorama unfolds. The picture as a whole however is never seen at one glance. Just like in the real city, one is thus forced to move inside the installation. Only in this way do the individual fragments come together in one picture like a movie. Tangled leaves condense into bushes and treetops, screened and shaded areas combine to create fences and grids, lines and abstract shapes interlace into electricity lines and building facades.

With the sampling of picture elements, the interweaving of different image sources and the flooding with image information, Giezendanner uses the nervous, almost breathless imagery of the MTV generation and its physiological effects. The dynamic rhythm of the city is palpable. This energy is also due to the brisk line, always executed with the same thickness. It treats each piece exactly the same, makes no distinction between foreground and background and thus prevents an optical depth of focus. The objects fill the space side by side without any hierarchy. This facilitates a certain confusion, creating an apparent instability between things and bestows upon the drawing an openness to change. With pure graphical and installation-based means alone, the city is thus described as a collective potential space, as a place where the old gives way to something new and is therefore constantly changing. However, this is also thematised by the picture itself.

Giezendanner's rundherundherundherum shows a vibrant city that threatens to burst at the seams. The vehicles for instance move cheek by jowl through the narrow streets, past the cars parked half on the pavement, half on the street. One barely wonders about their bumps and dents on the wing and side door. On the contrary, it just appears practical that the car mechanic repairs his vehicles right on the footpath. With many small observations, the panorama thus tells about public space, the use of which needs to be renegotiated by the individuals and the community in a perpetual process. The numerous tags and graffiti, placed on the facades like a second skin, belong there as much as the weeds that have won their right to live through the smallest cracks in the ground, or the thick, makeshift bundles of cables attached to the house walls. Innumerable details report of intermediary uses and temporary solutions and make the city visible as a dynamic, constantly re-organising and re-designing construct in much the same way as put into words by Boris Groys. "Thus the city has become the place of revoltions, upheavals, constant new beginnings, of fluid modernity and constantly changing lifestyles. (...) This city of eternal preliminaries, (...) where everything is constantly cleared for blasting and burning, because time and again there are attempts to create an open space for what is to come, for the future (...)."[1]

In the 'Tunis-Panorama' rundherundherundherum Giezendanner contrasts Wocher's romantic view of the idyllic town of Thun with a portrait of the modern city. He has thereby radically replaced the focus on the beauty of the monuments in Thun-Panorama by its opposite. His city is characterised by its own mortality and its own constant rebirth. But, above all else, it shares with Wocher the incredible pleasure one gets when taking a look around town to discover all the small things and devote oneself to the stories they tell about life.

Petra Giezendanner & Siri Peyer

---

[1] Boris Groys: „Die Stadt im Zeitalter ihrer touristischen Reproduzierbarkeit" (The City in the Age of Tourist Reproducibility) in: **Topologie der Kunst,** Carl Hanser Verlag Munich Vienna, 2003, p.188

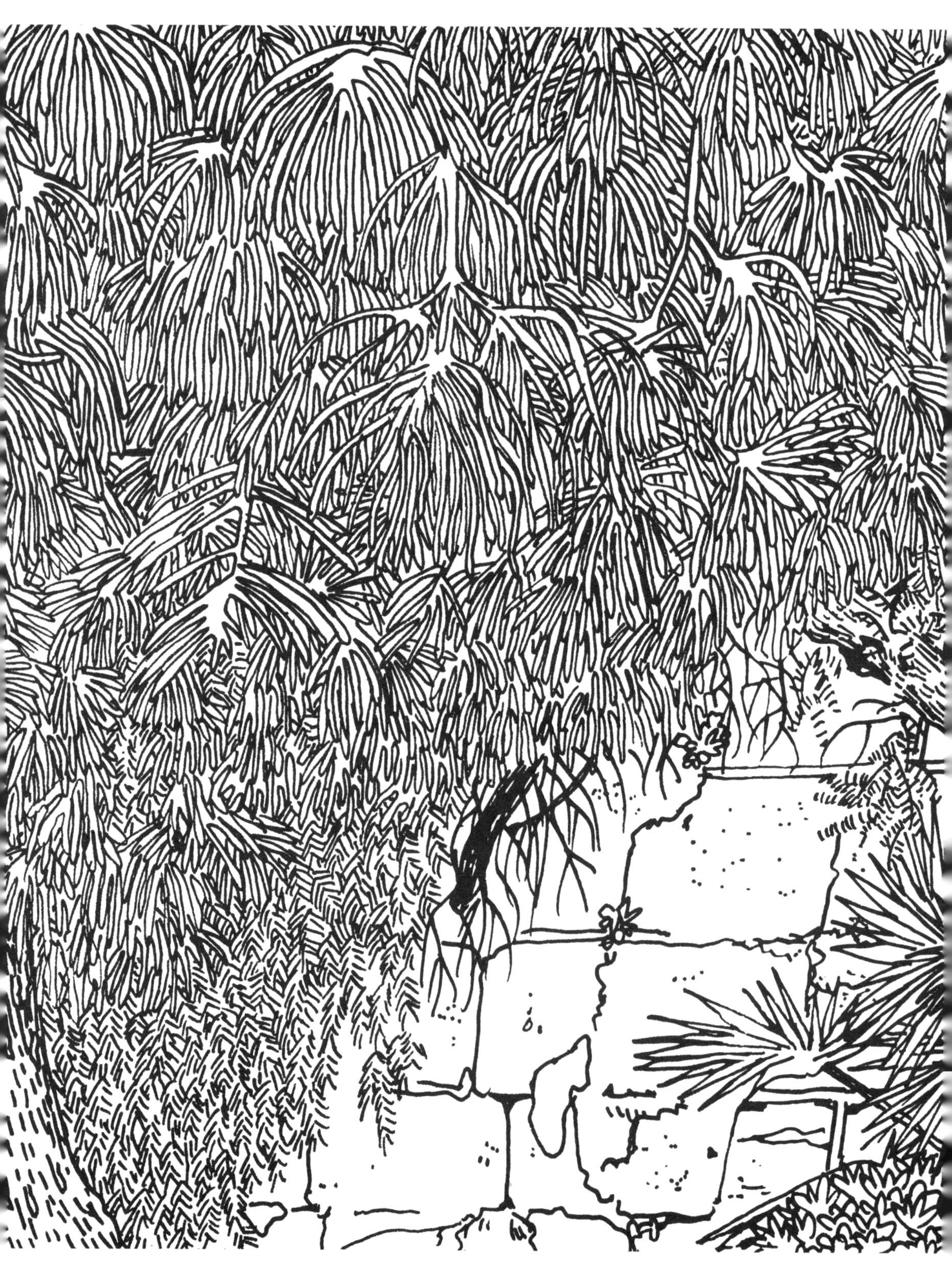

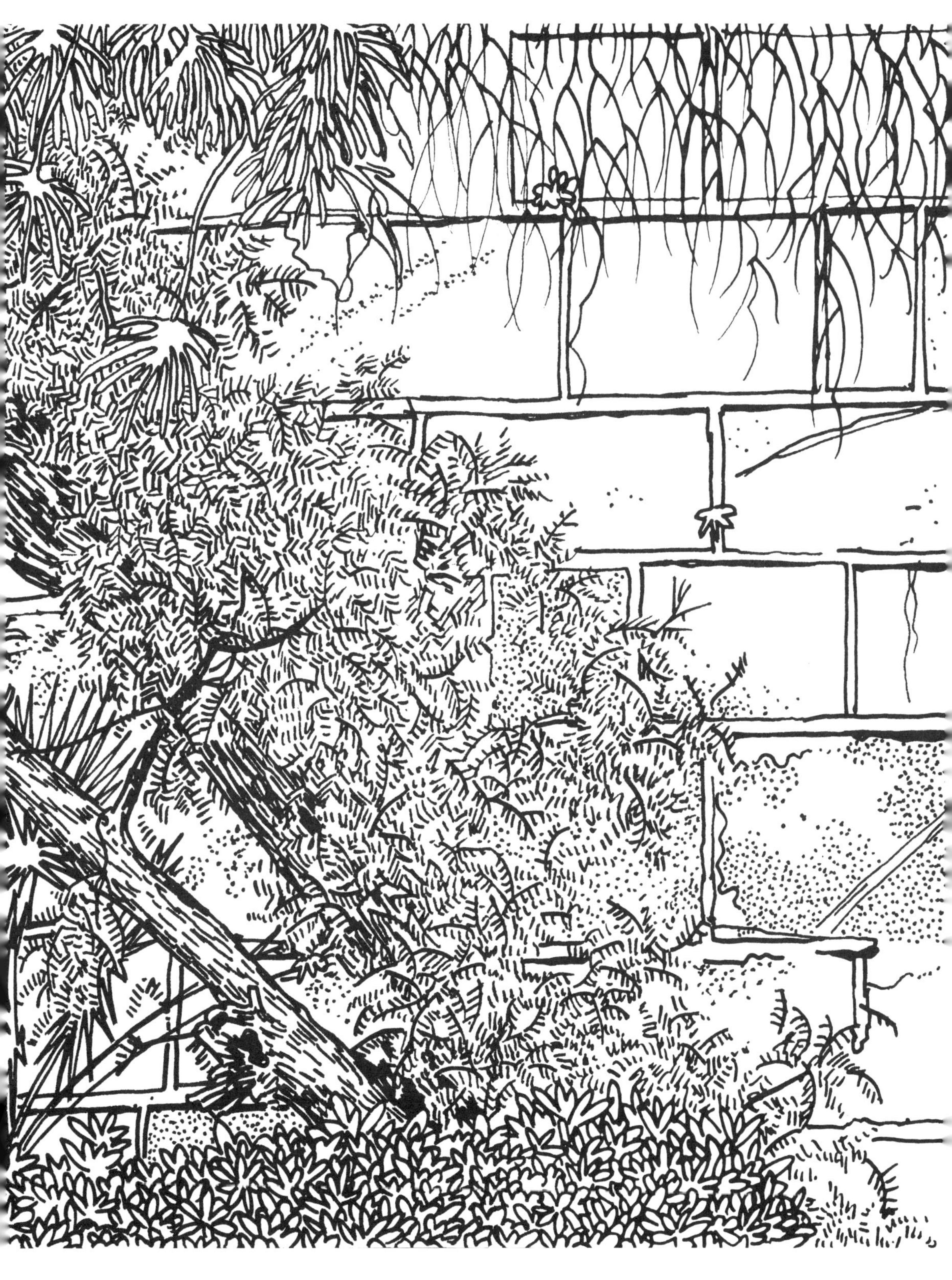

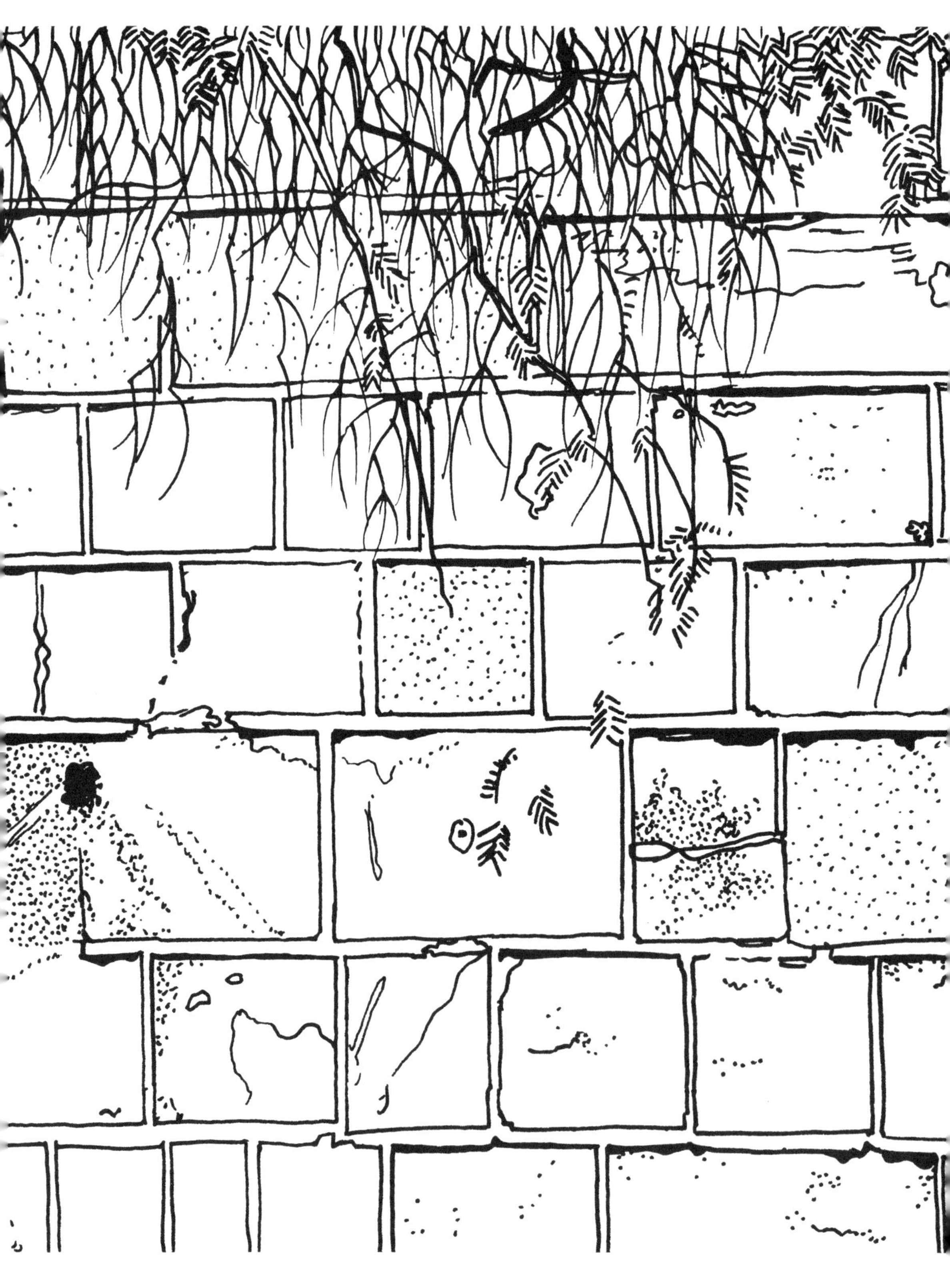

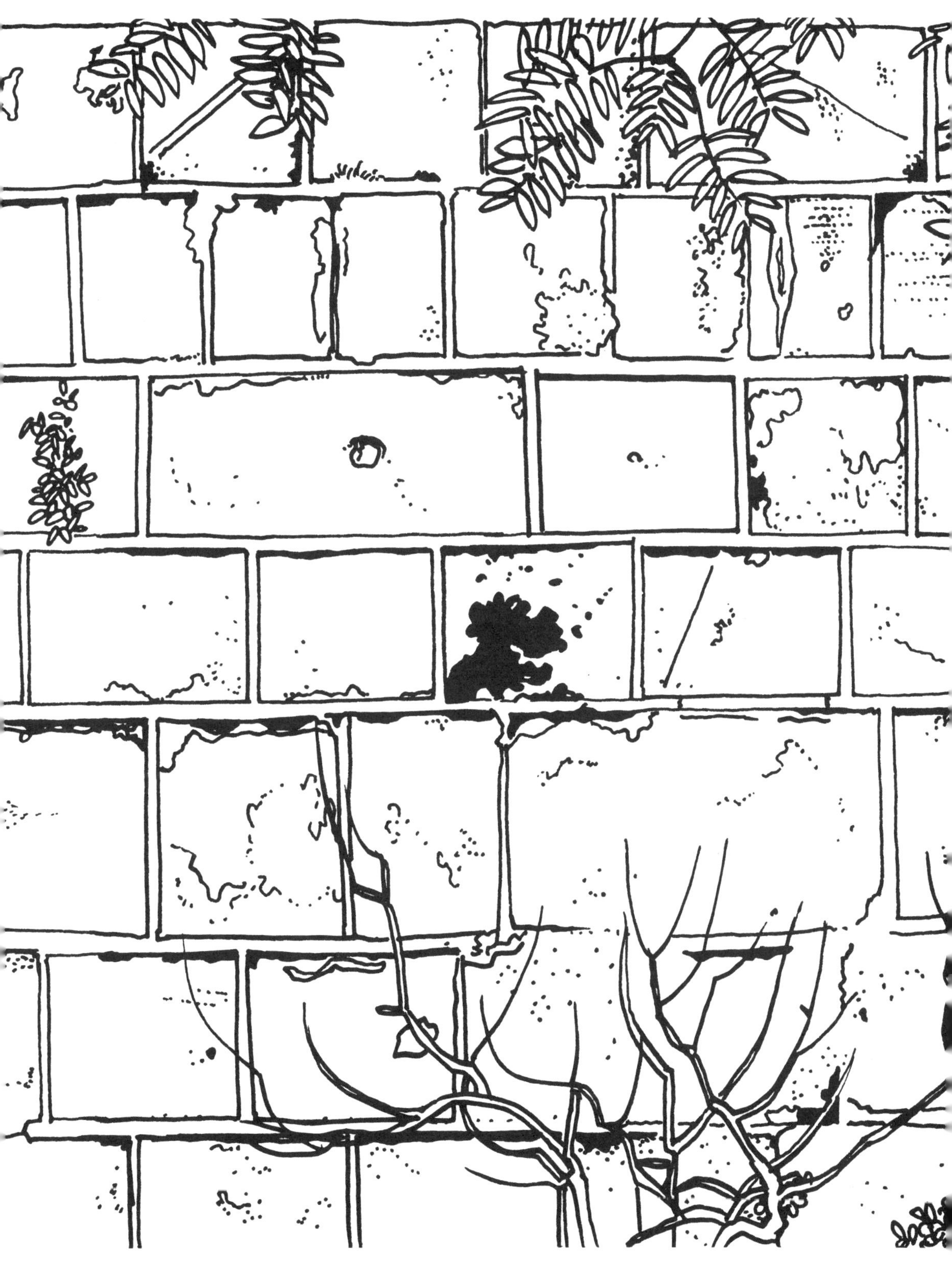

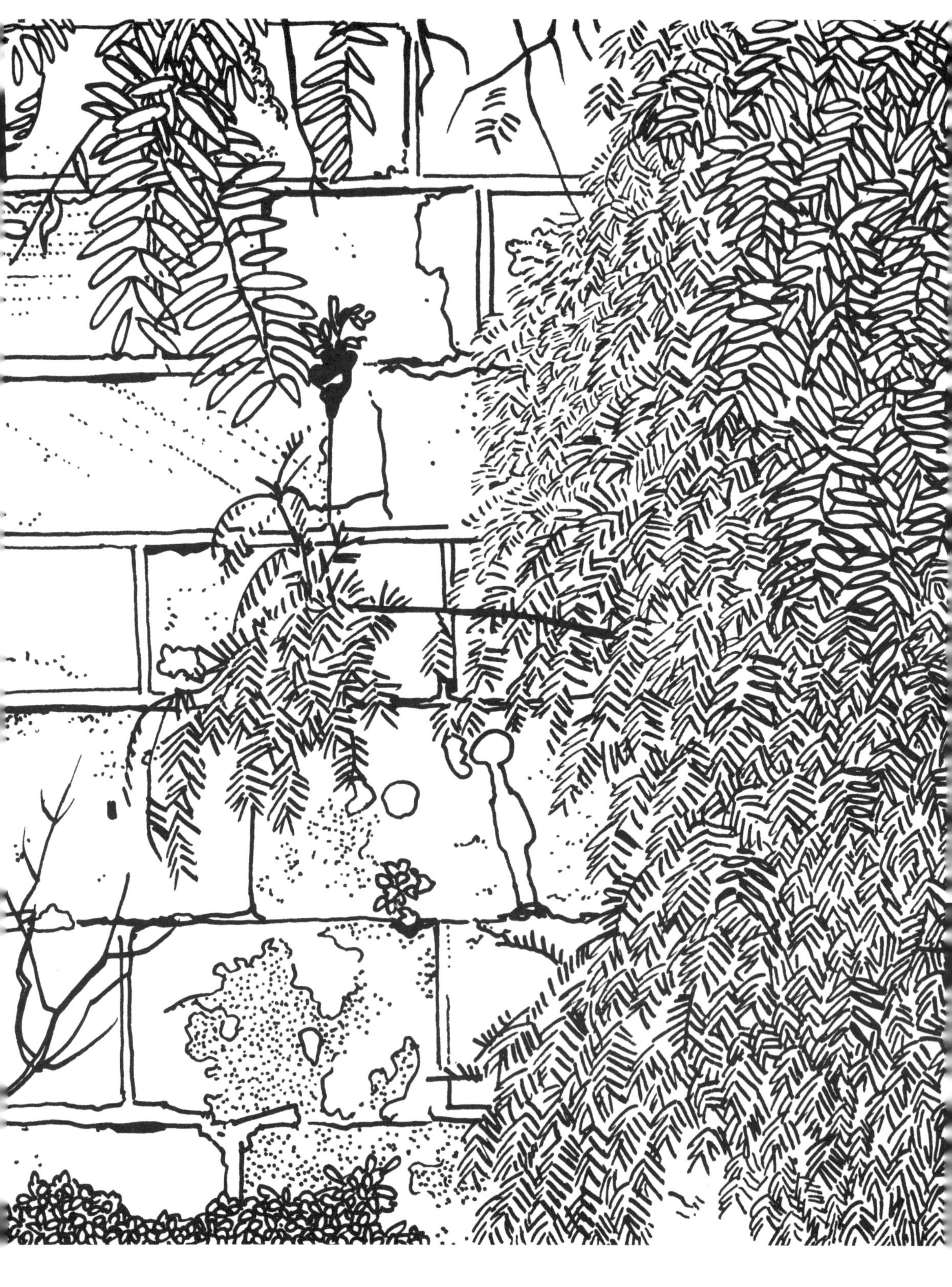

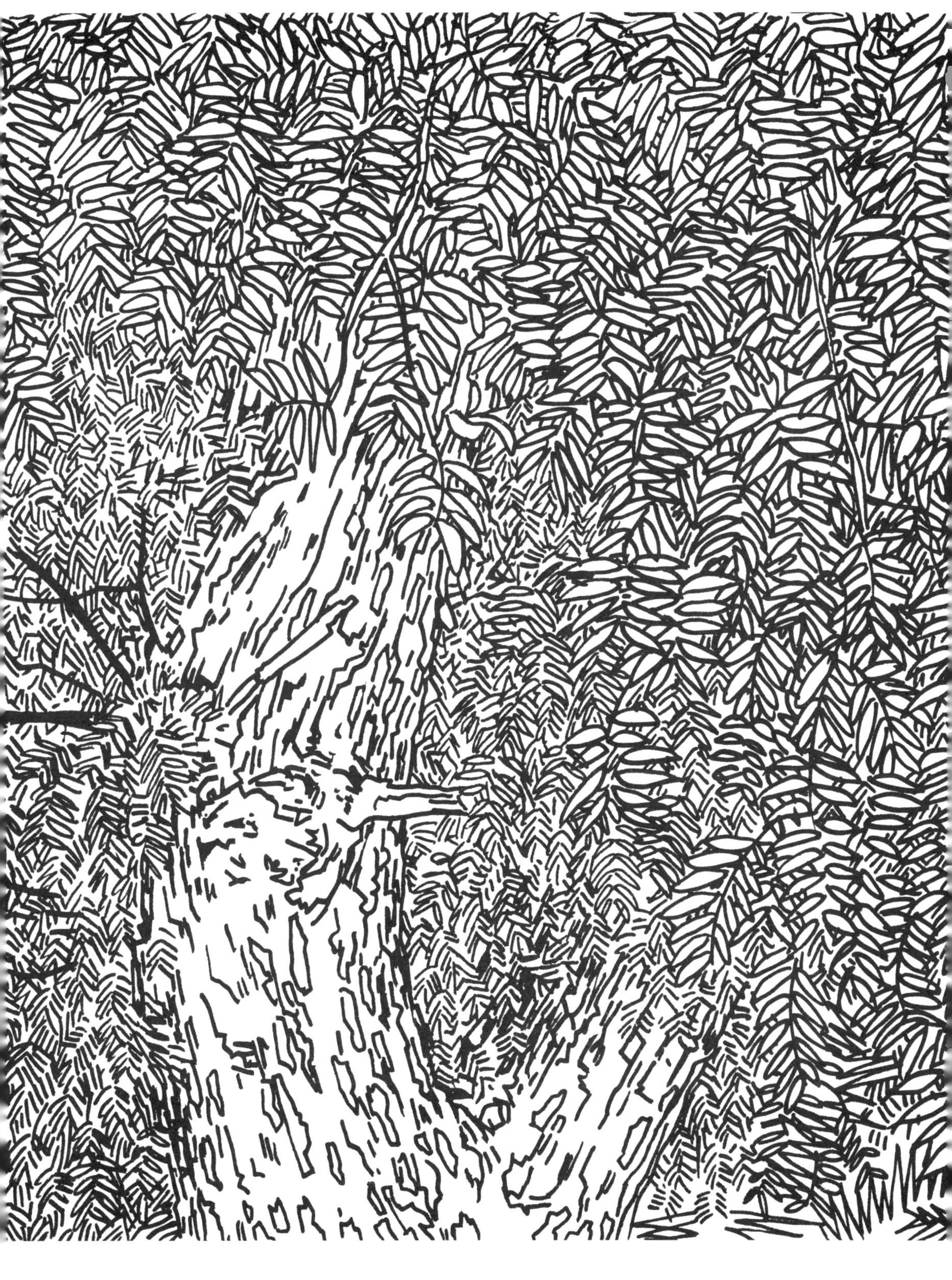

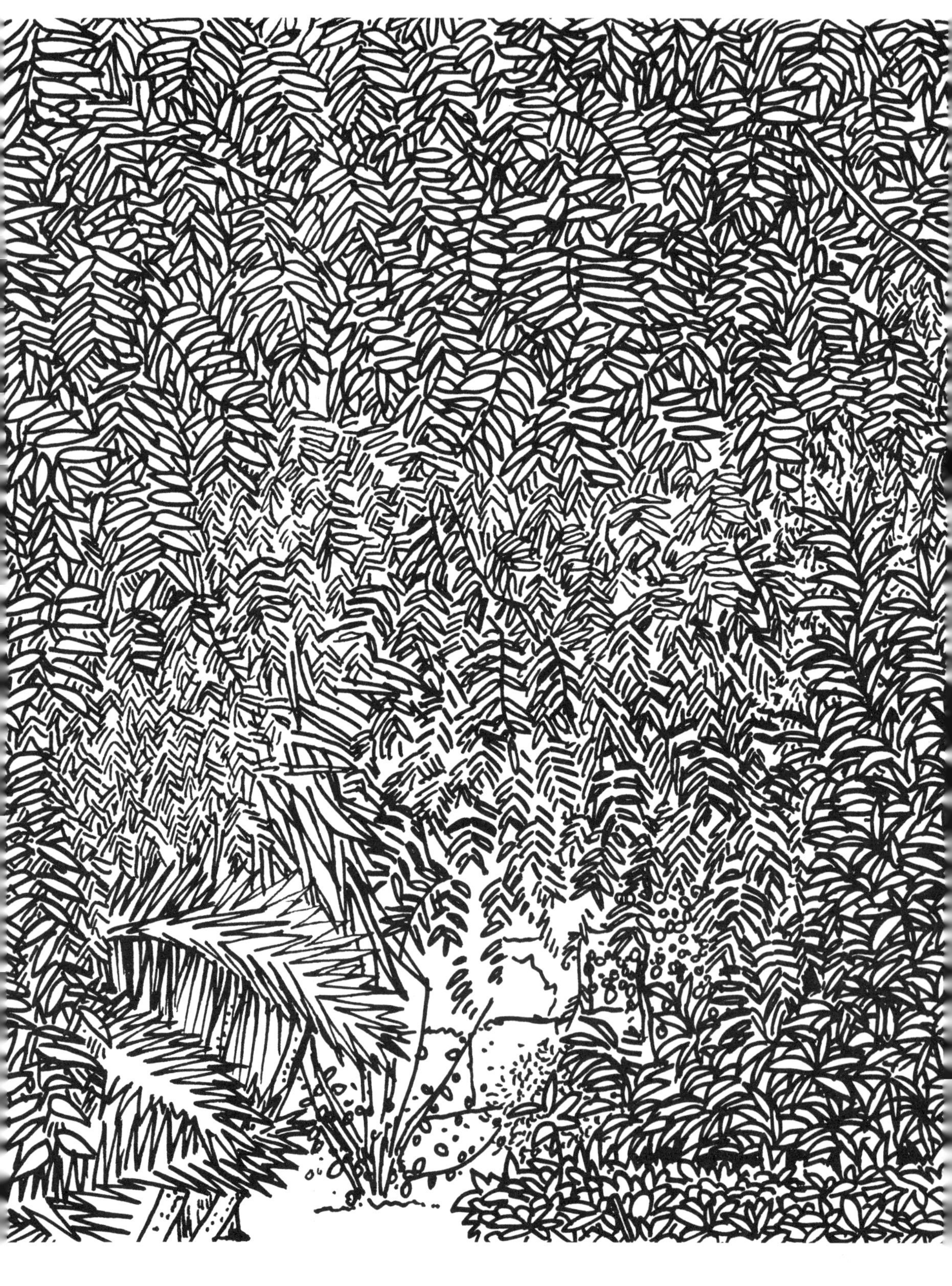

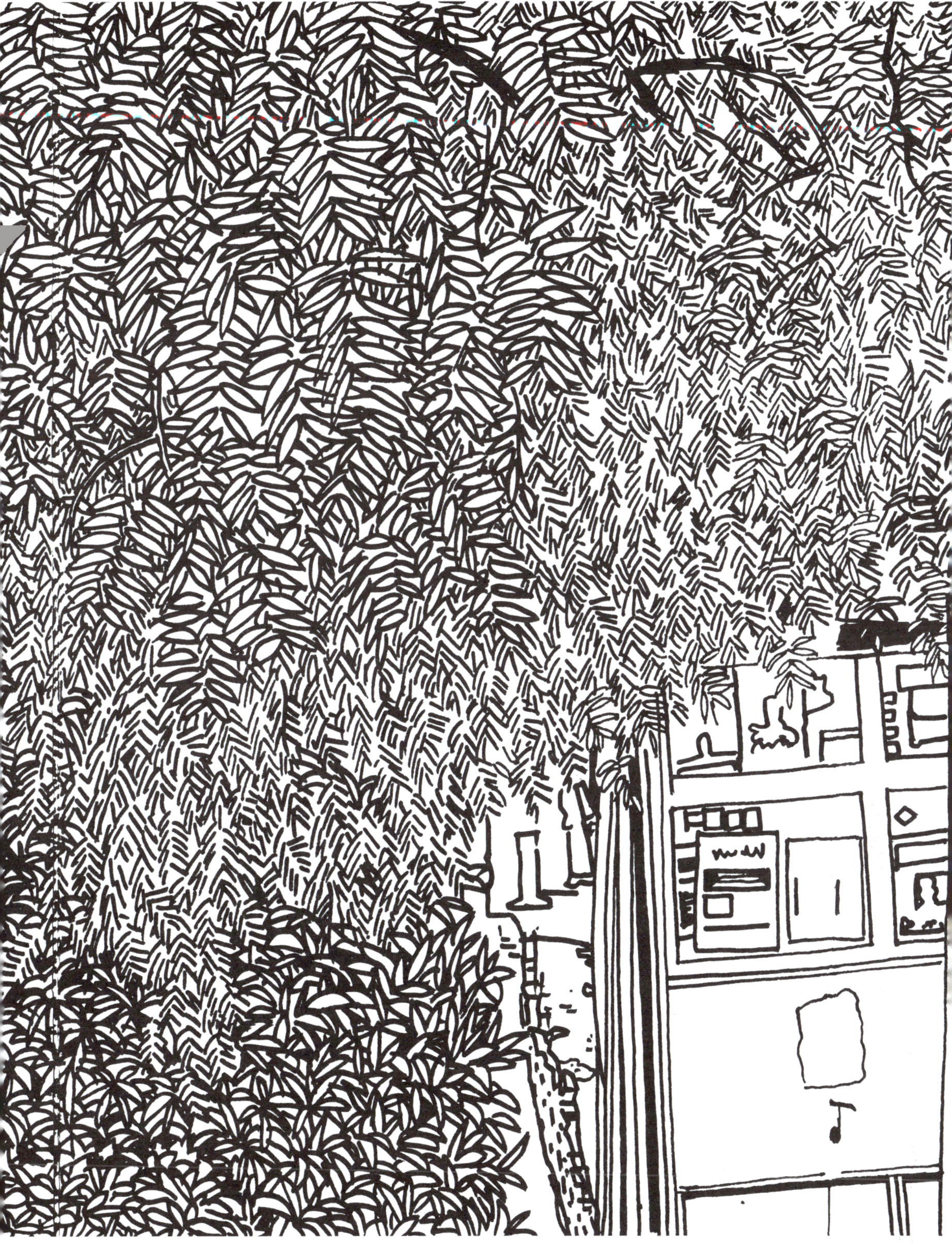

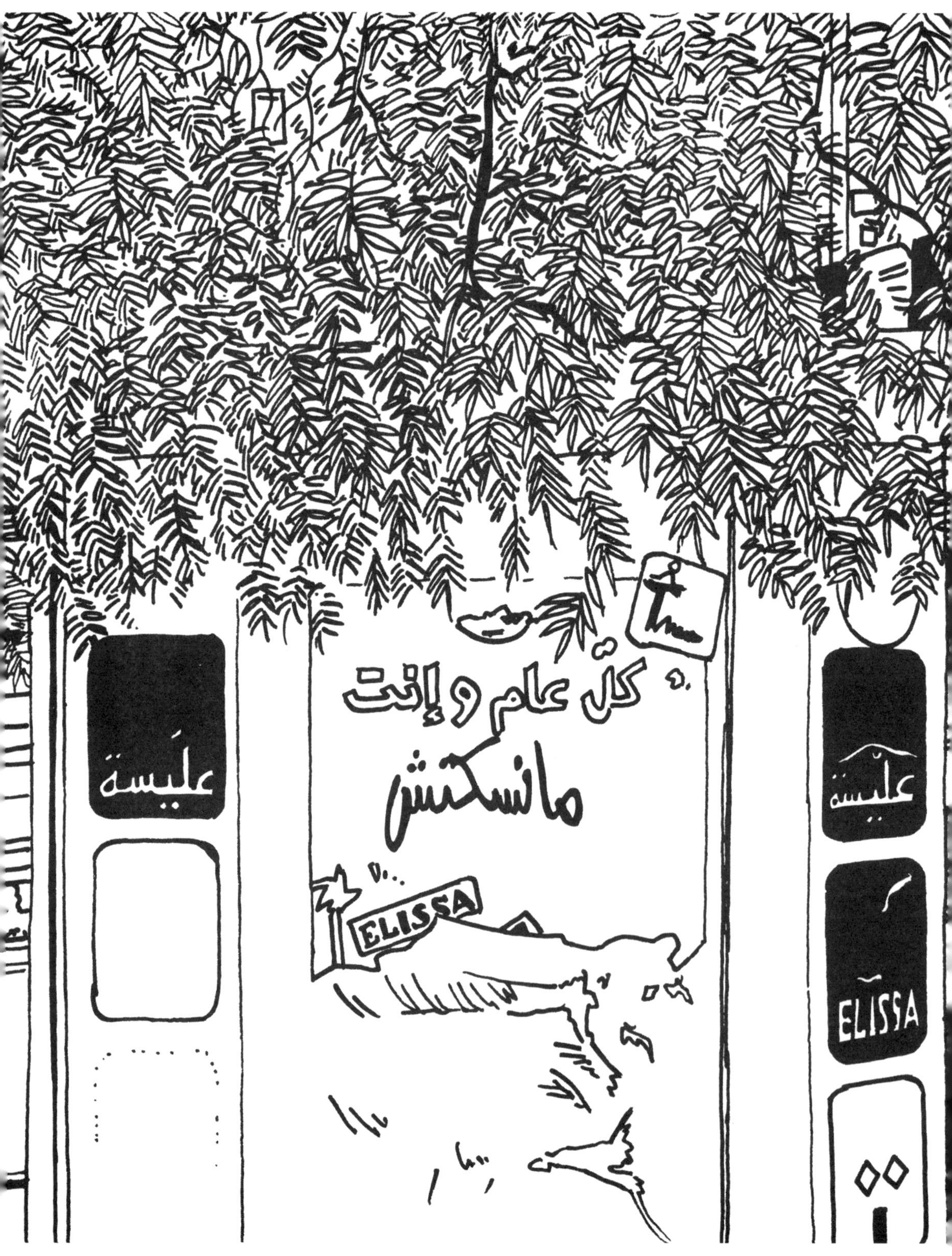

كل عام وإنت
مانسكتش
عليسة
عليسة
ELISSA
ELISSA

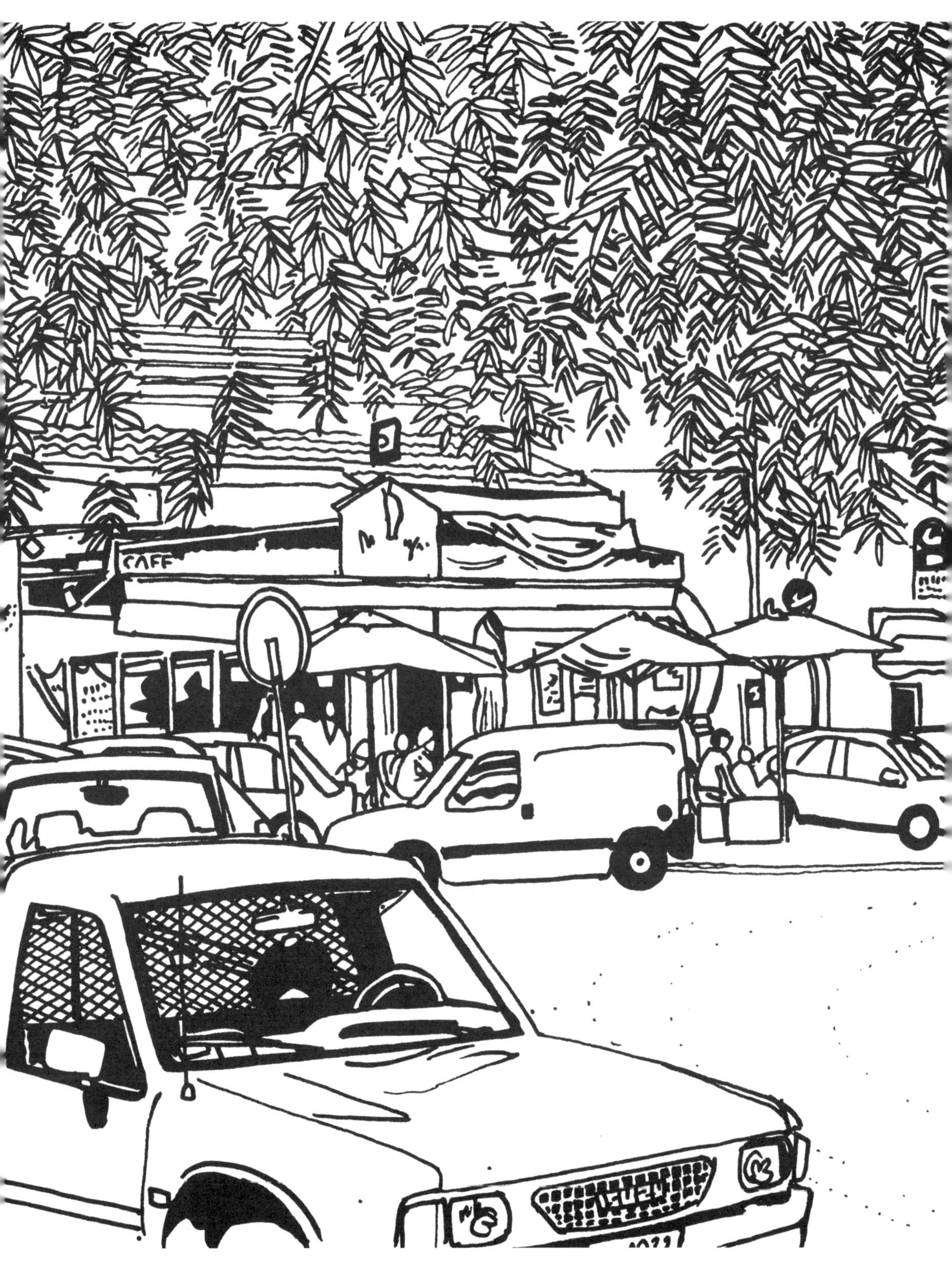

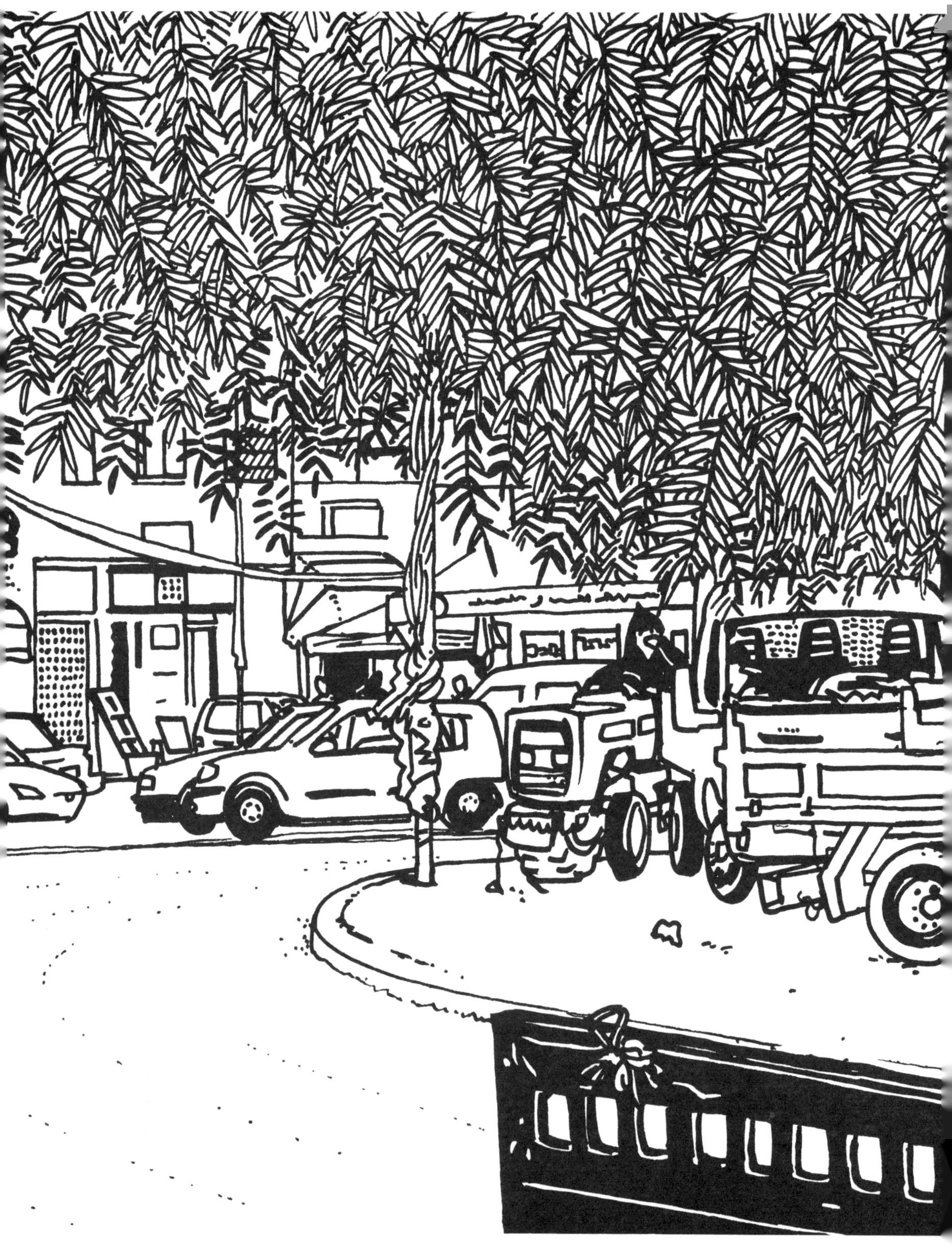

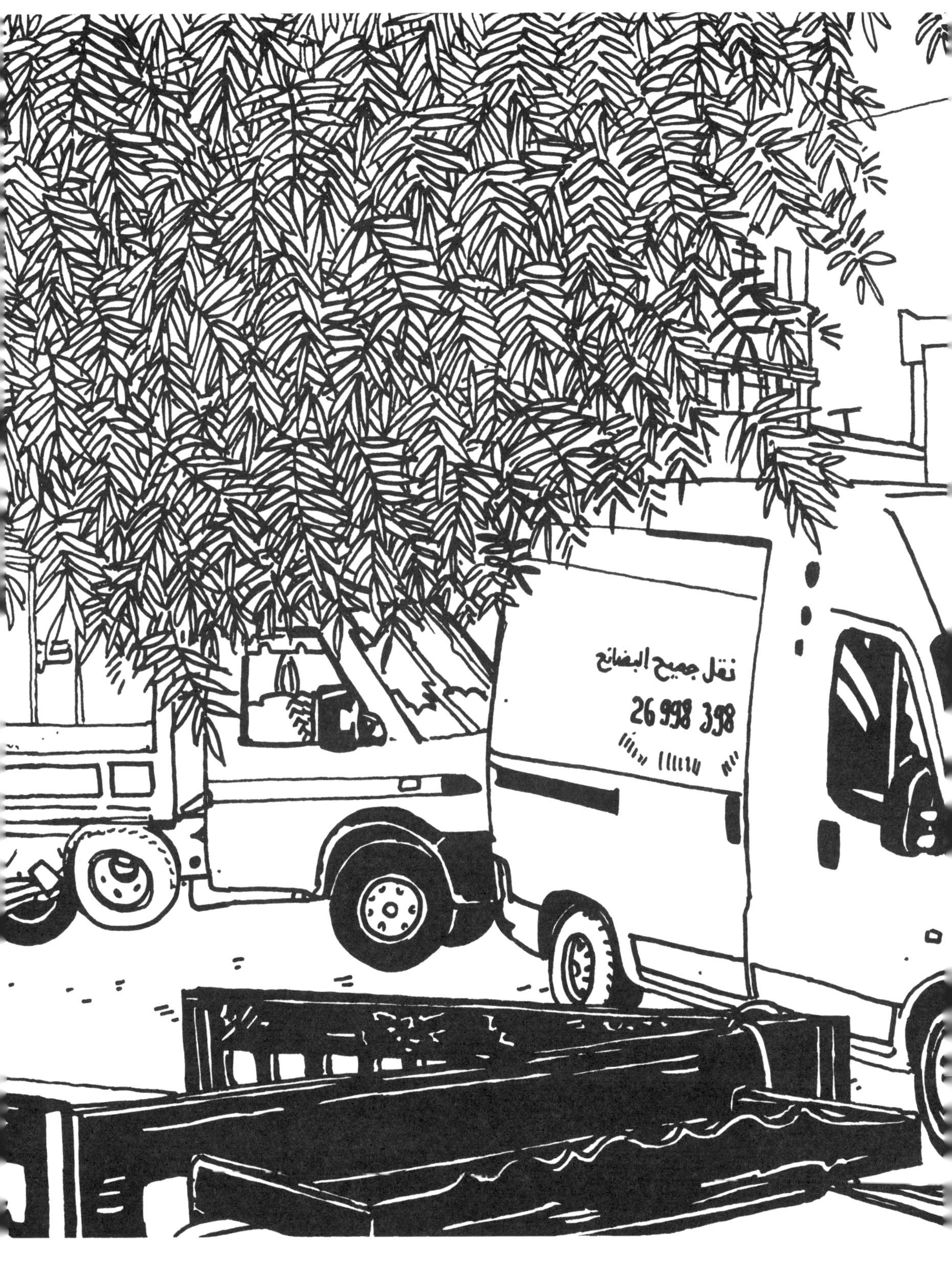

نقل جميع البضائع
26 998 398

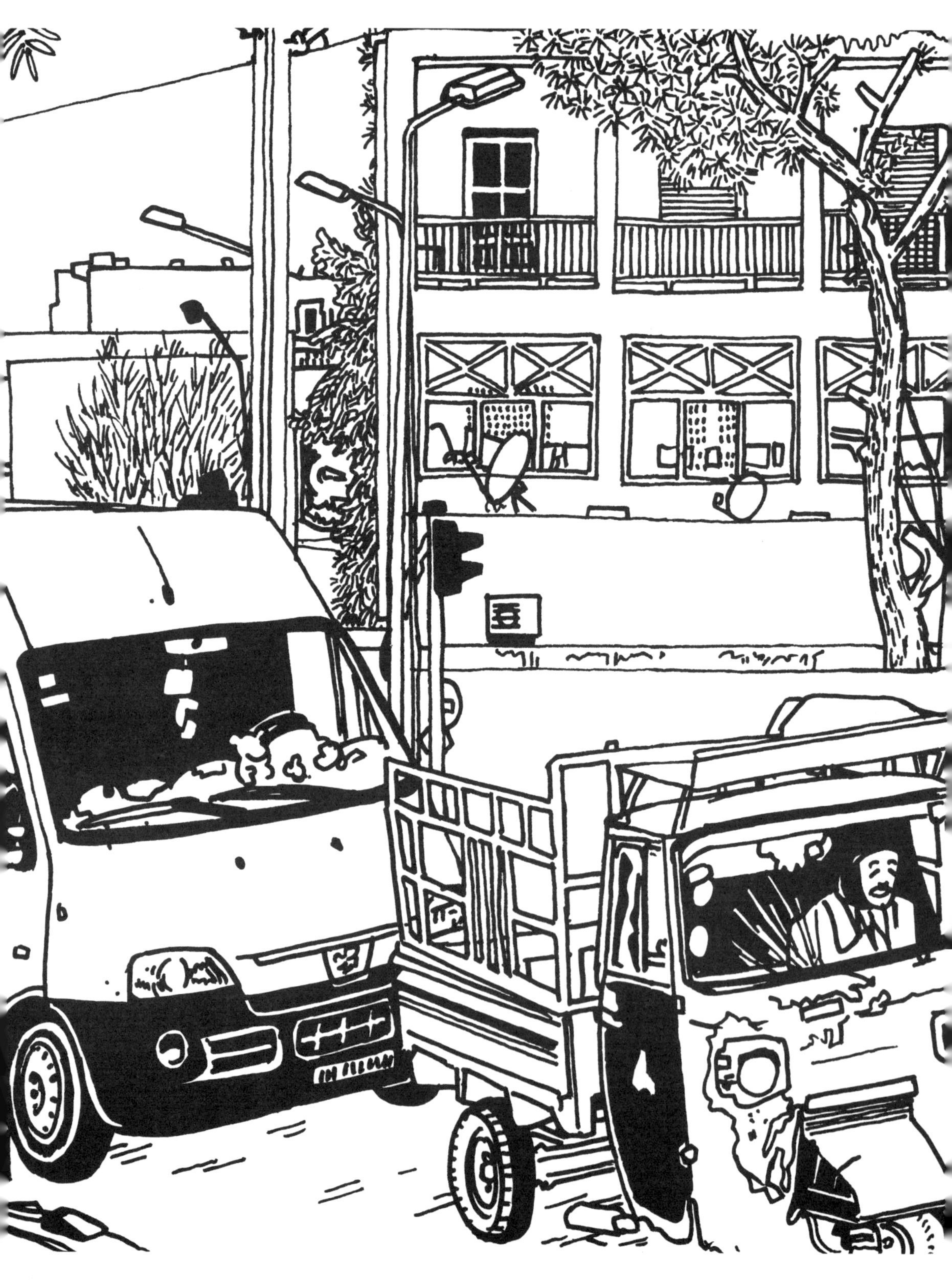

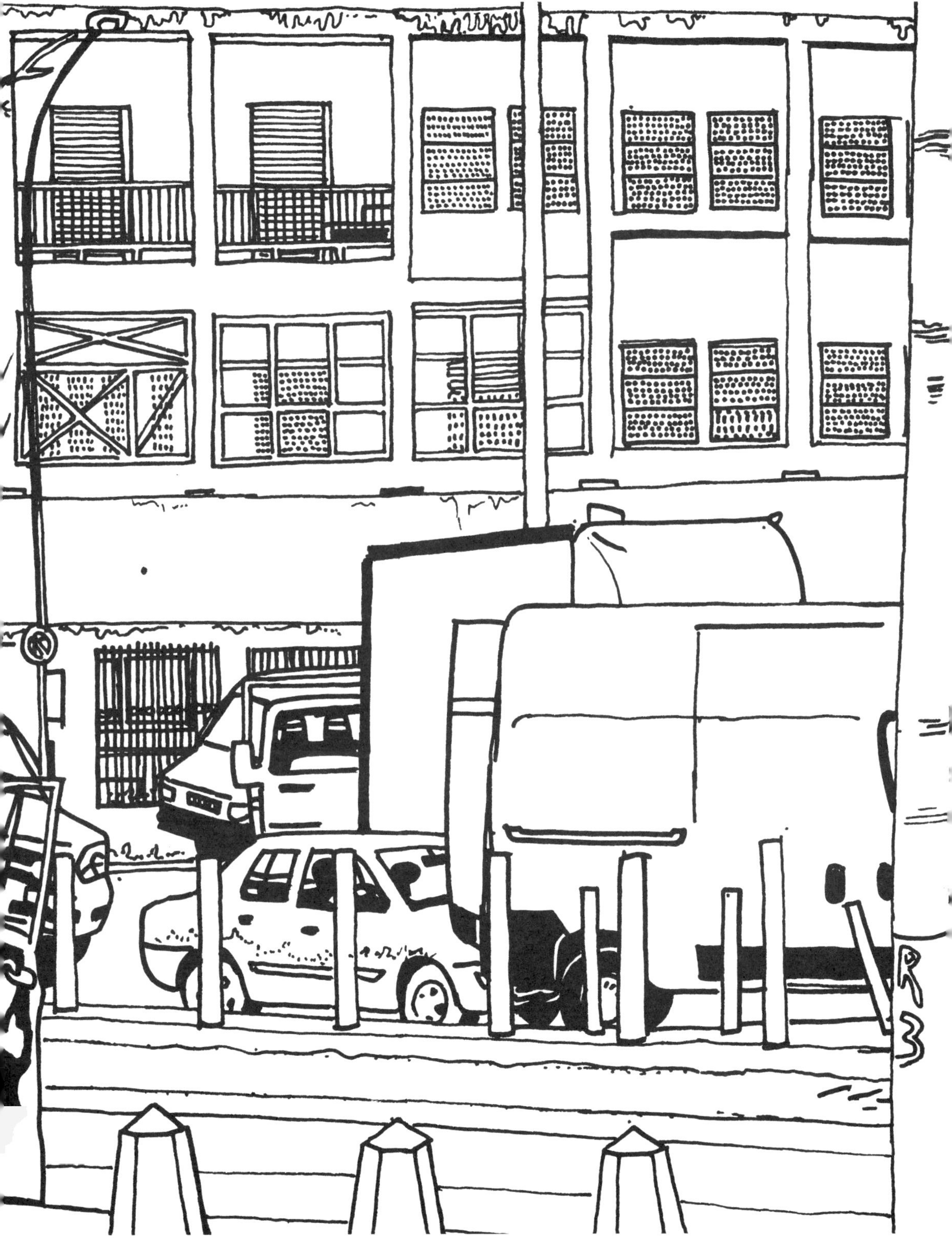

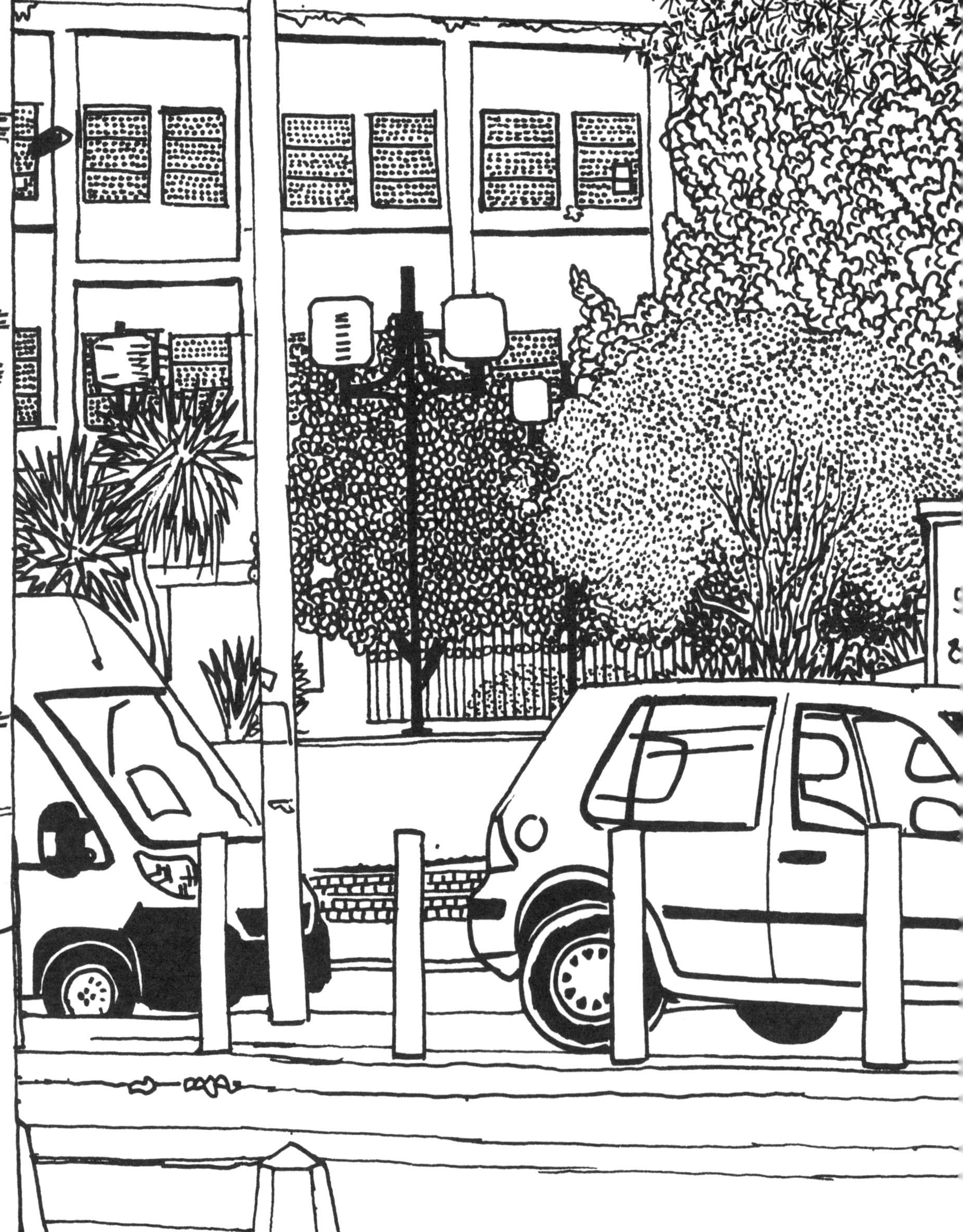

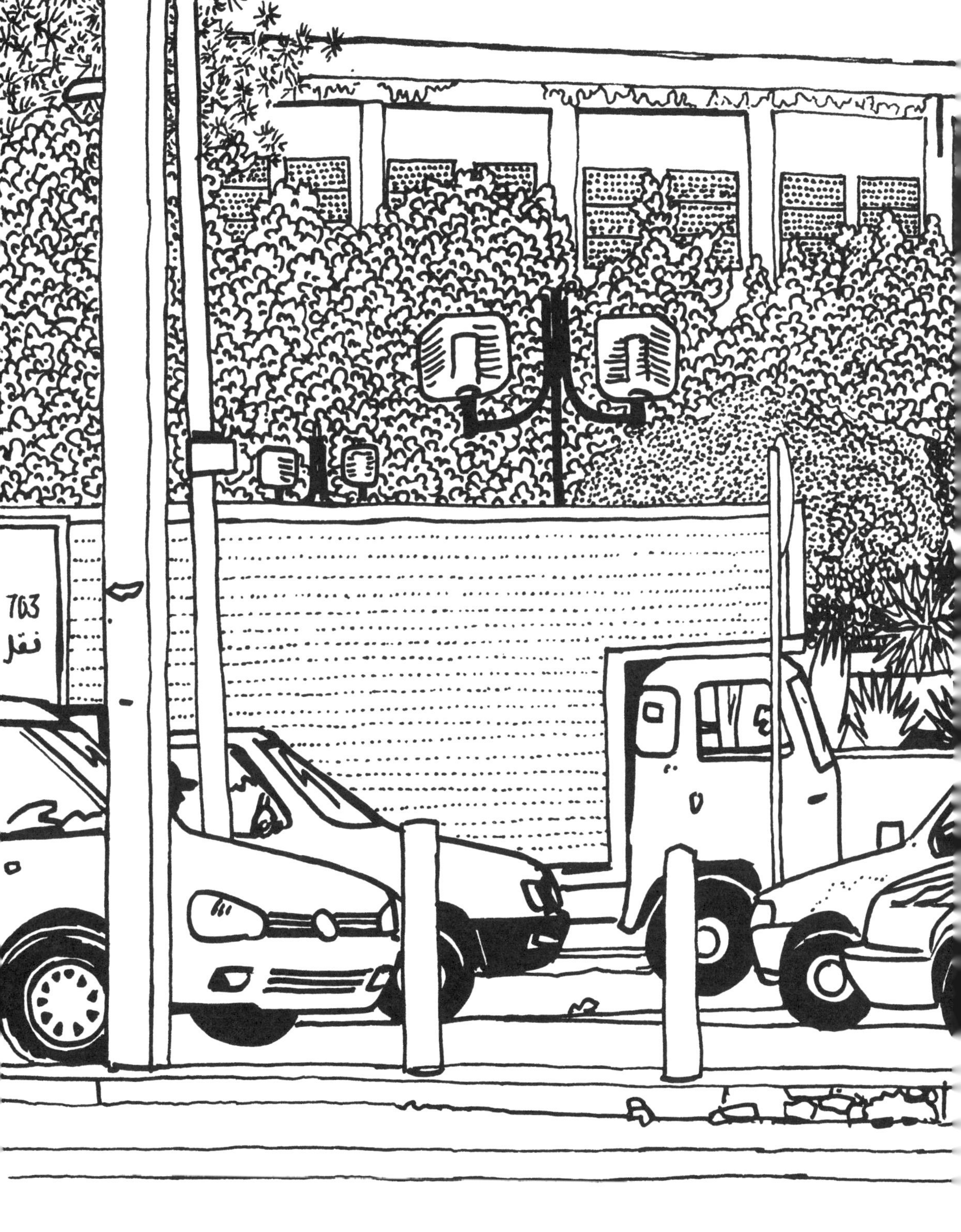
703
نقل

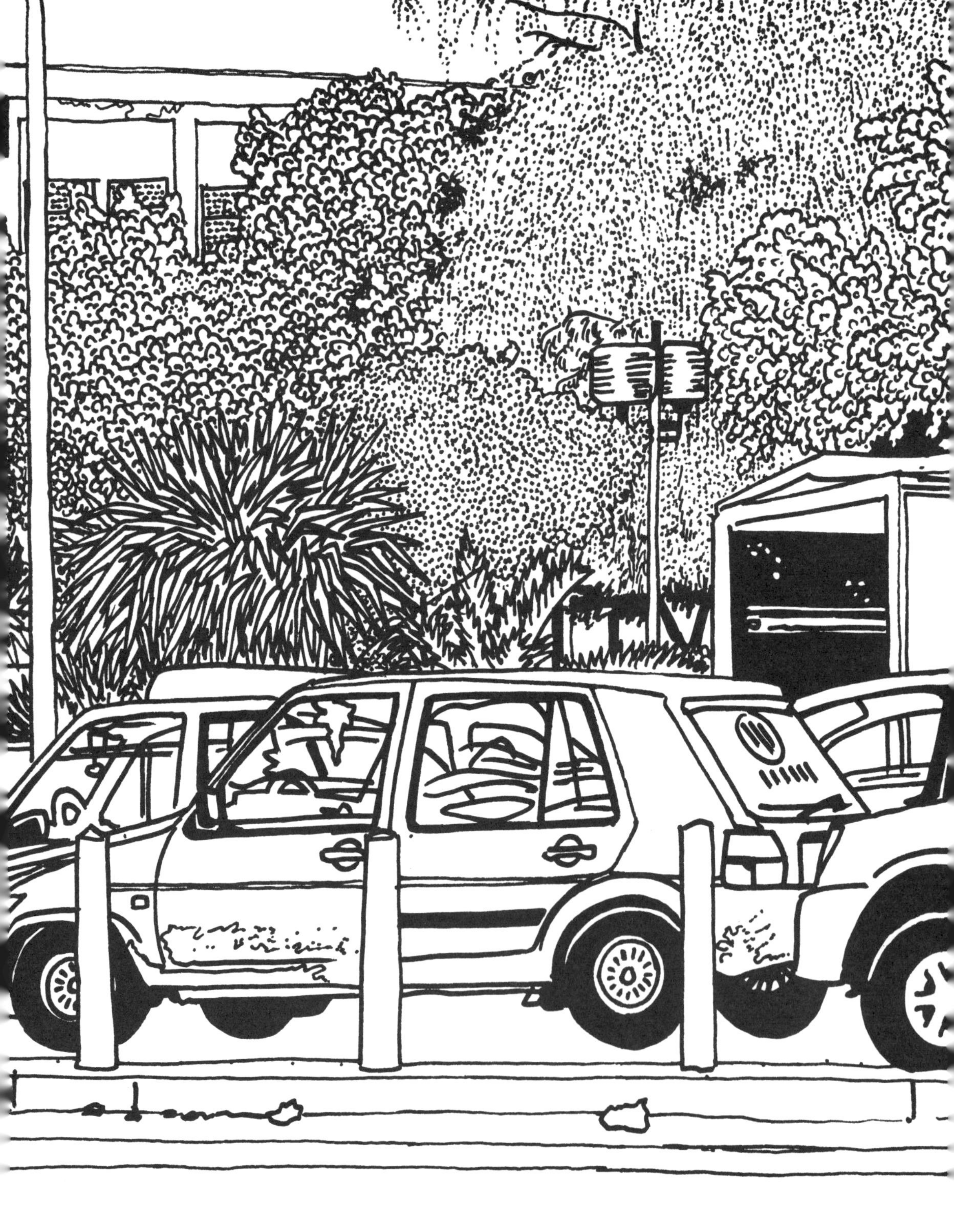

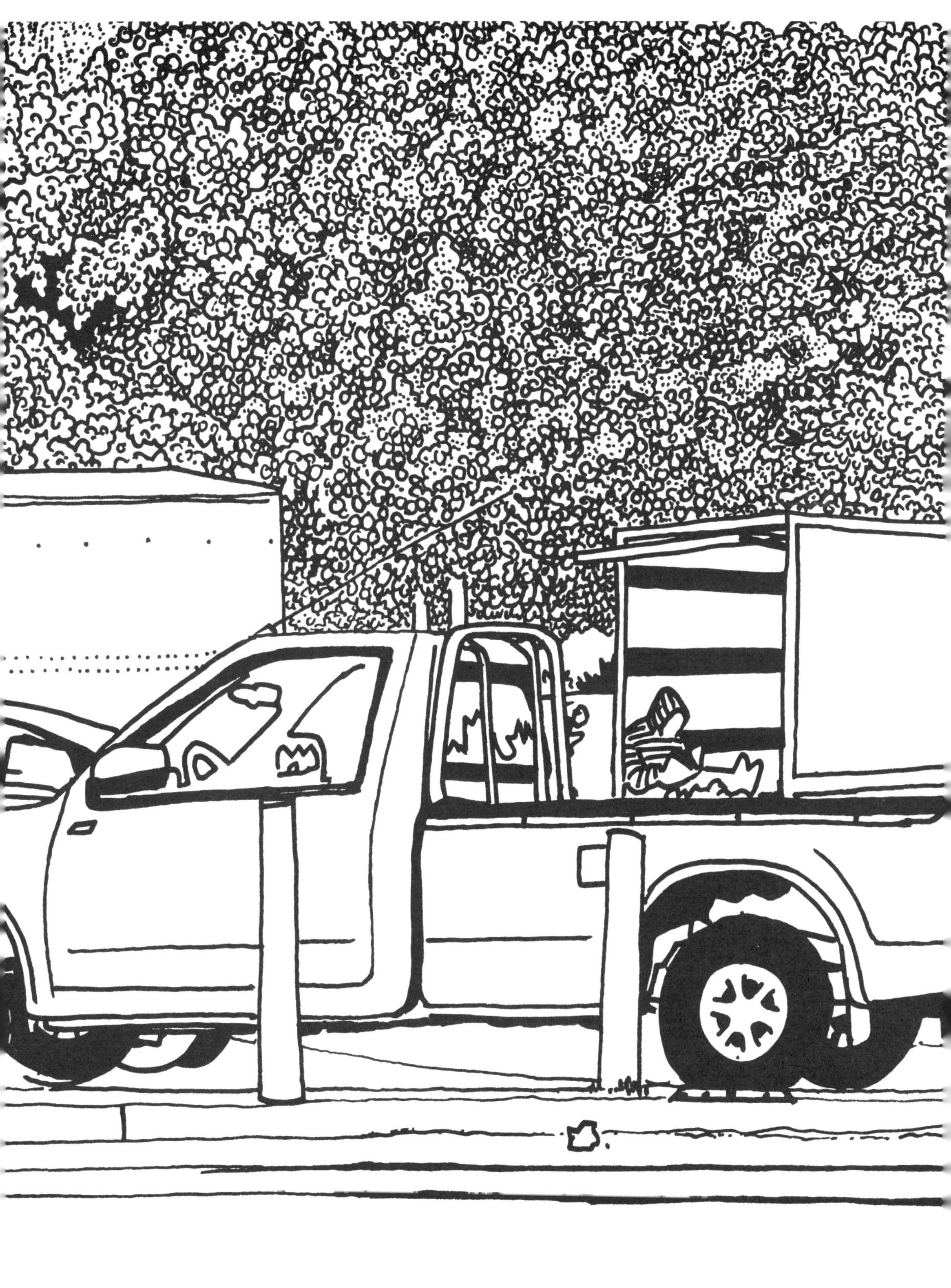

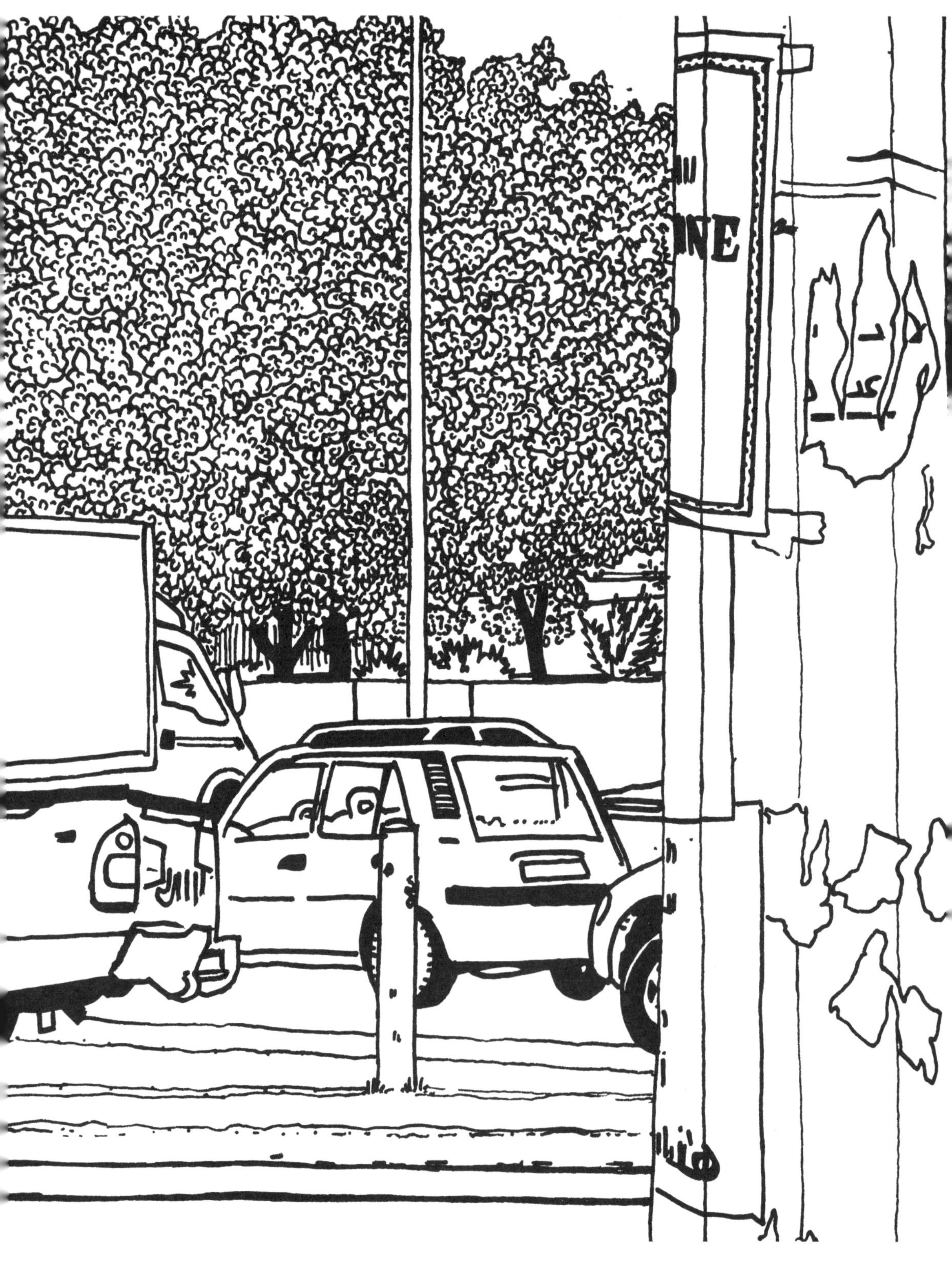
NE

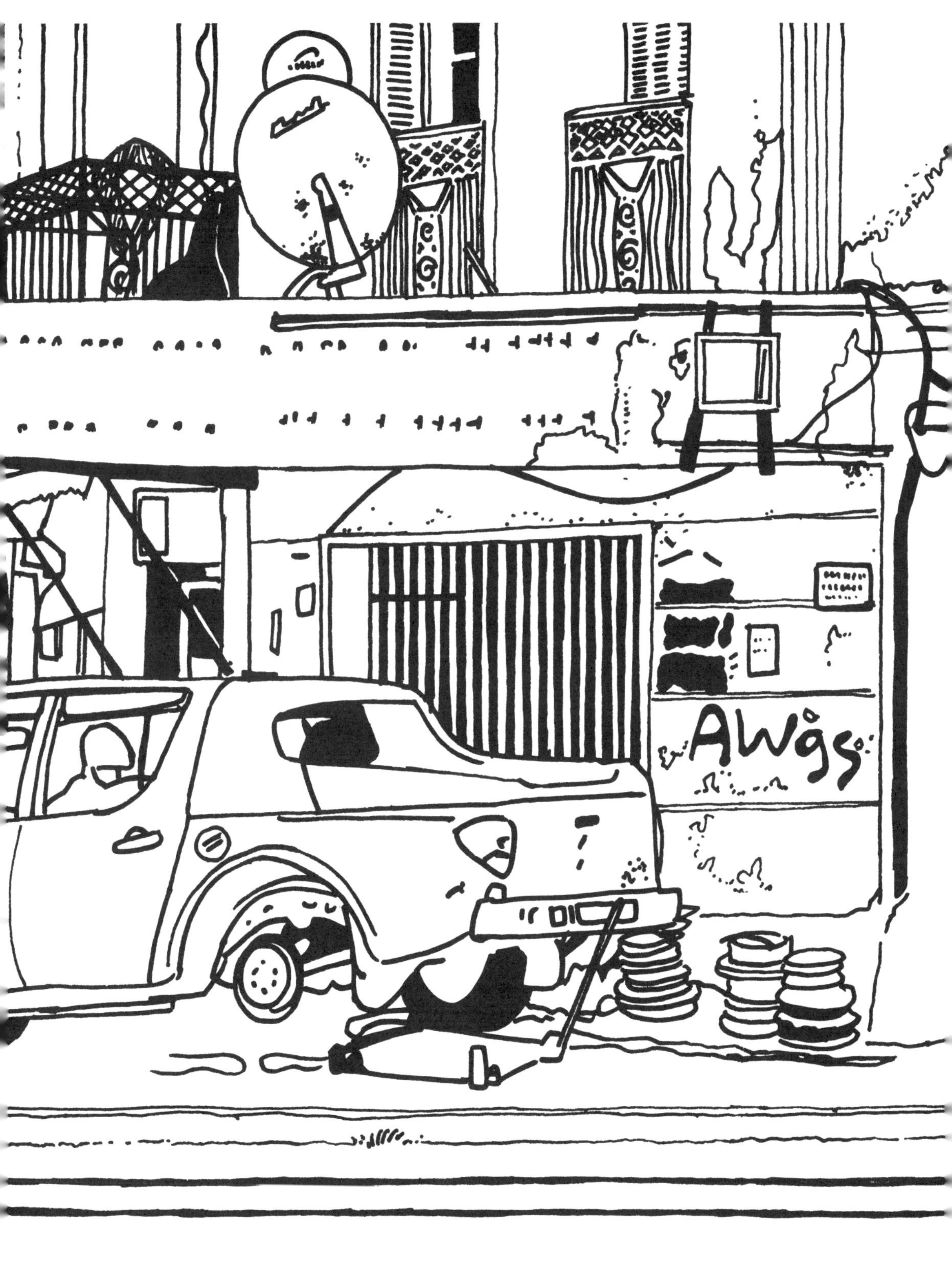
AWgs

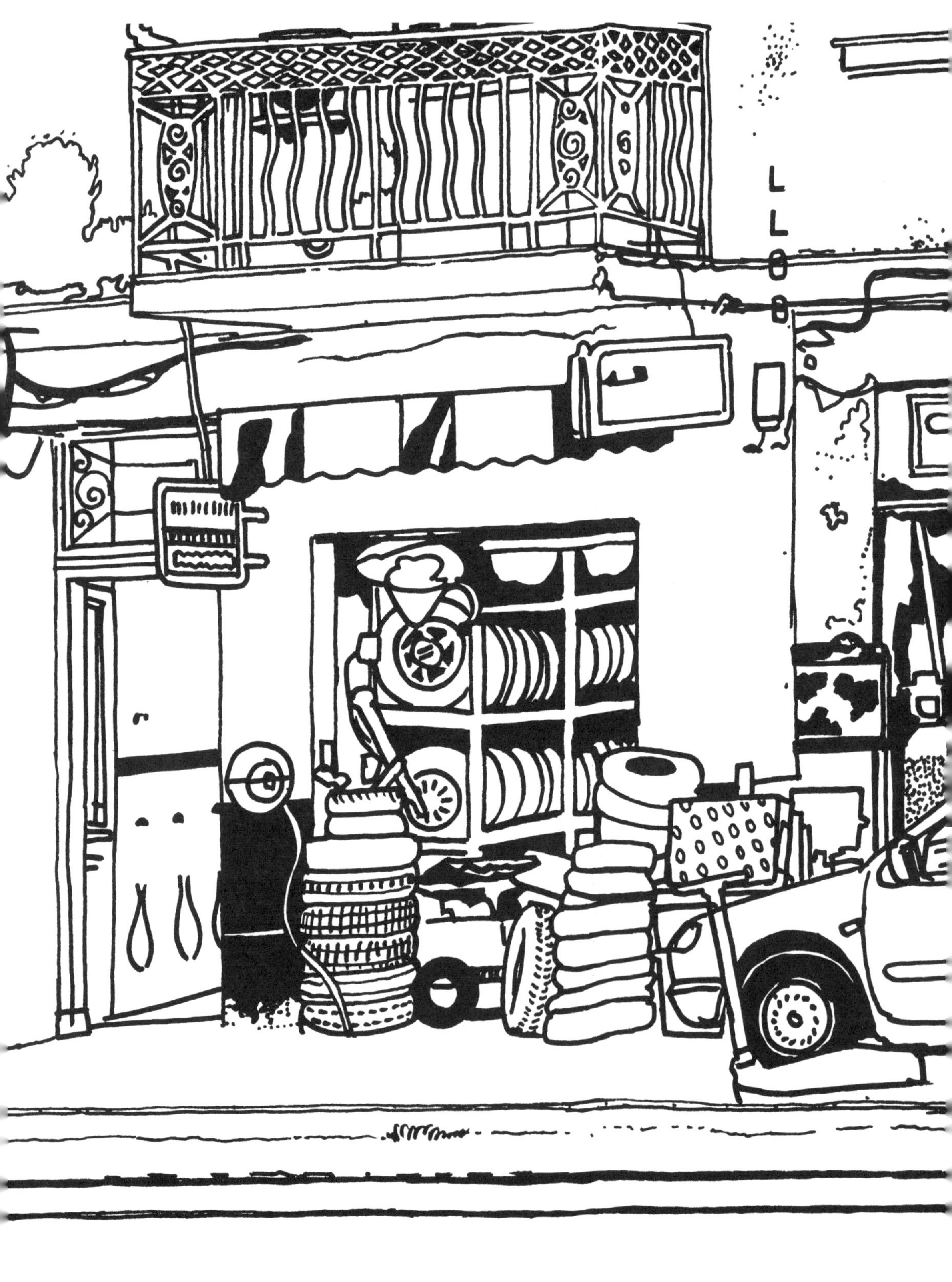

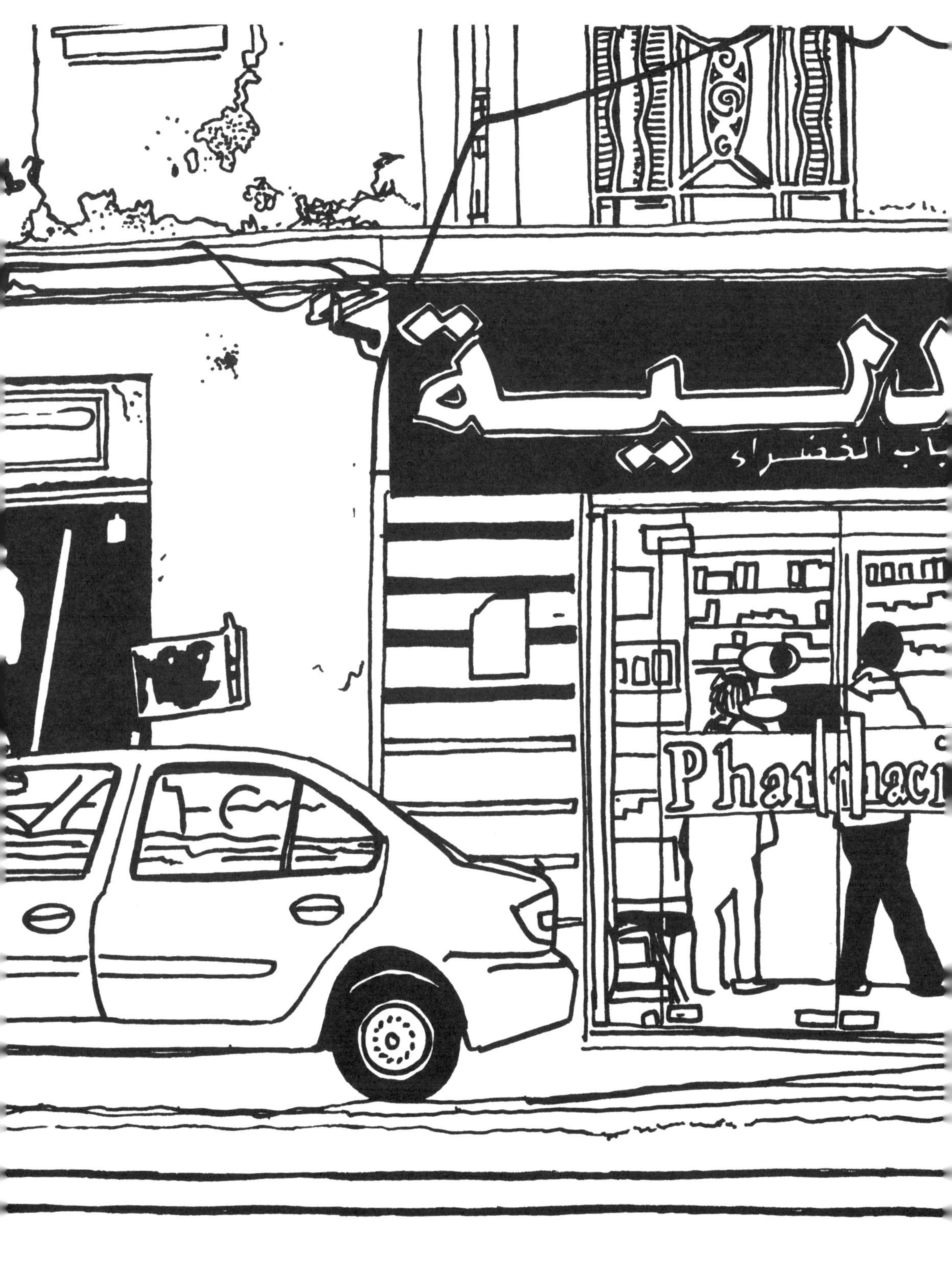

صيدلية
باب الخضراء
Pharmacie

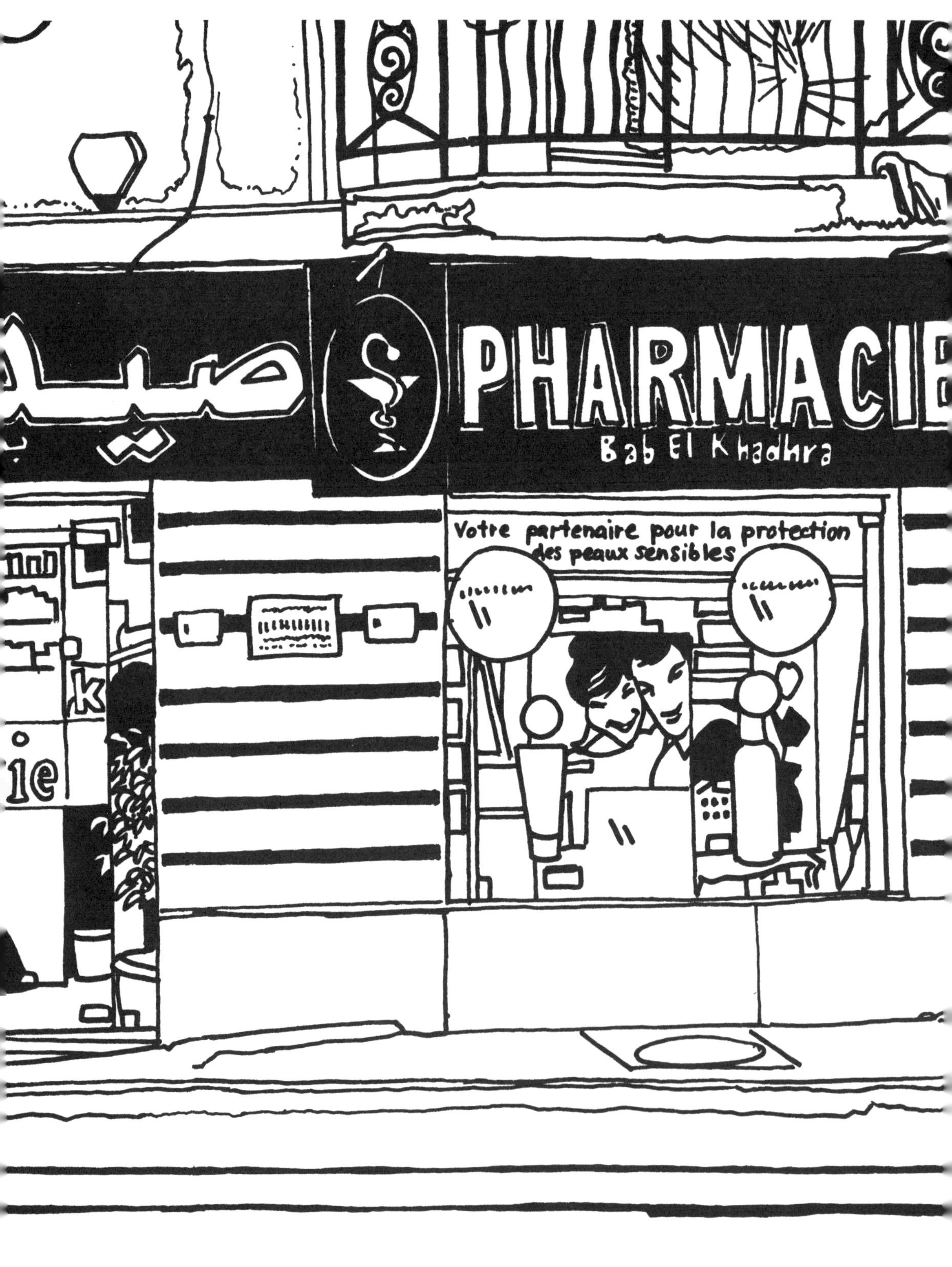

صيدلية
PHARMACIE
Bab El Khadhra
Votre partenaire pour la protection des peaux sensibles

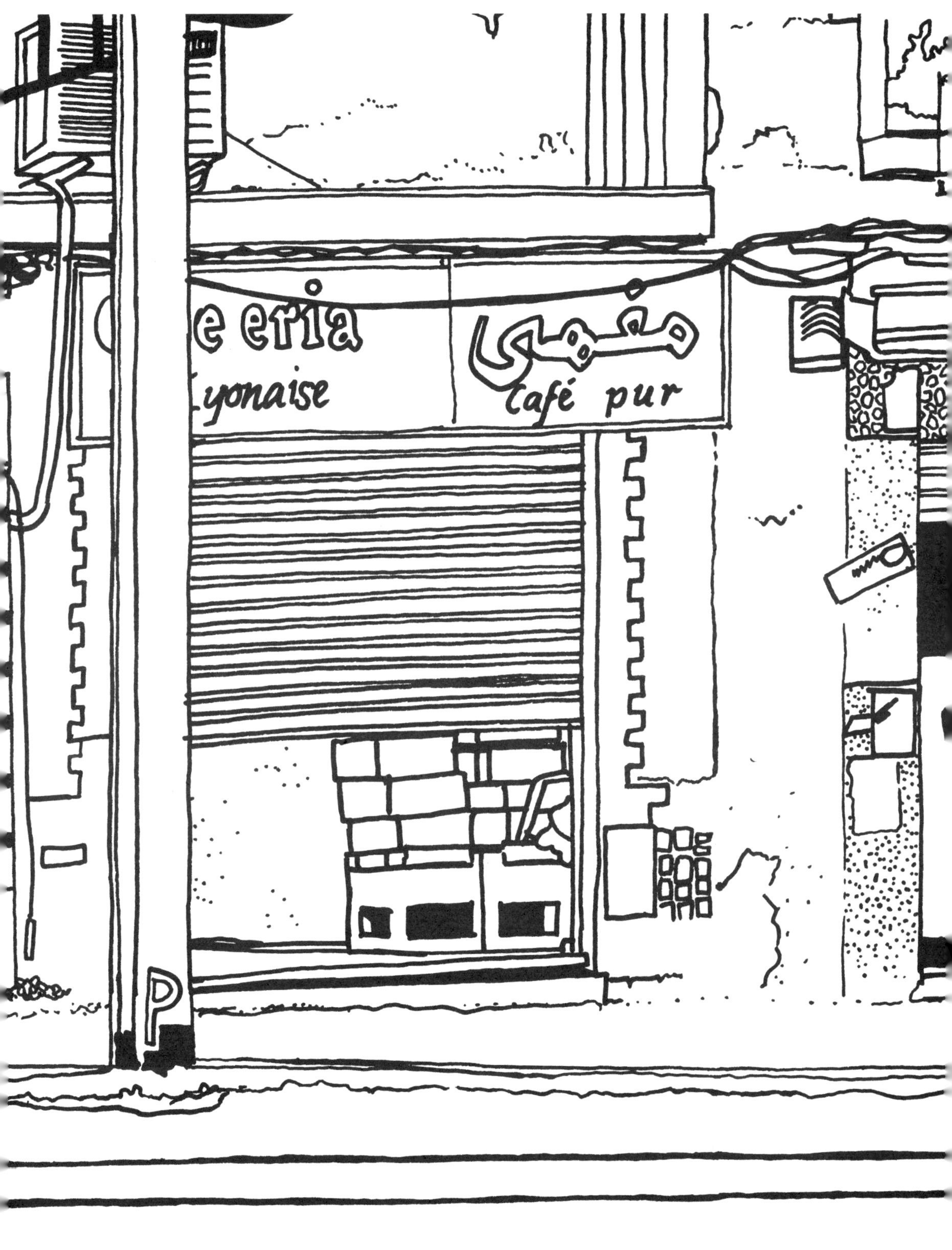

e eria
yonaise
مقهى
café pur
P

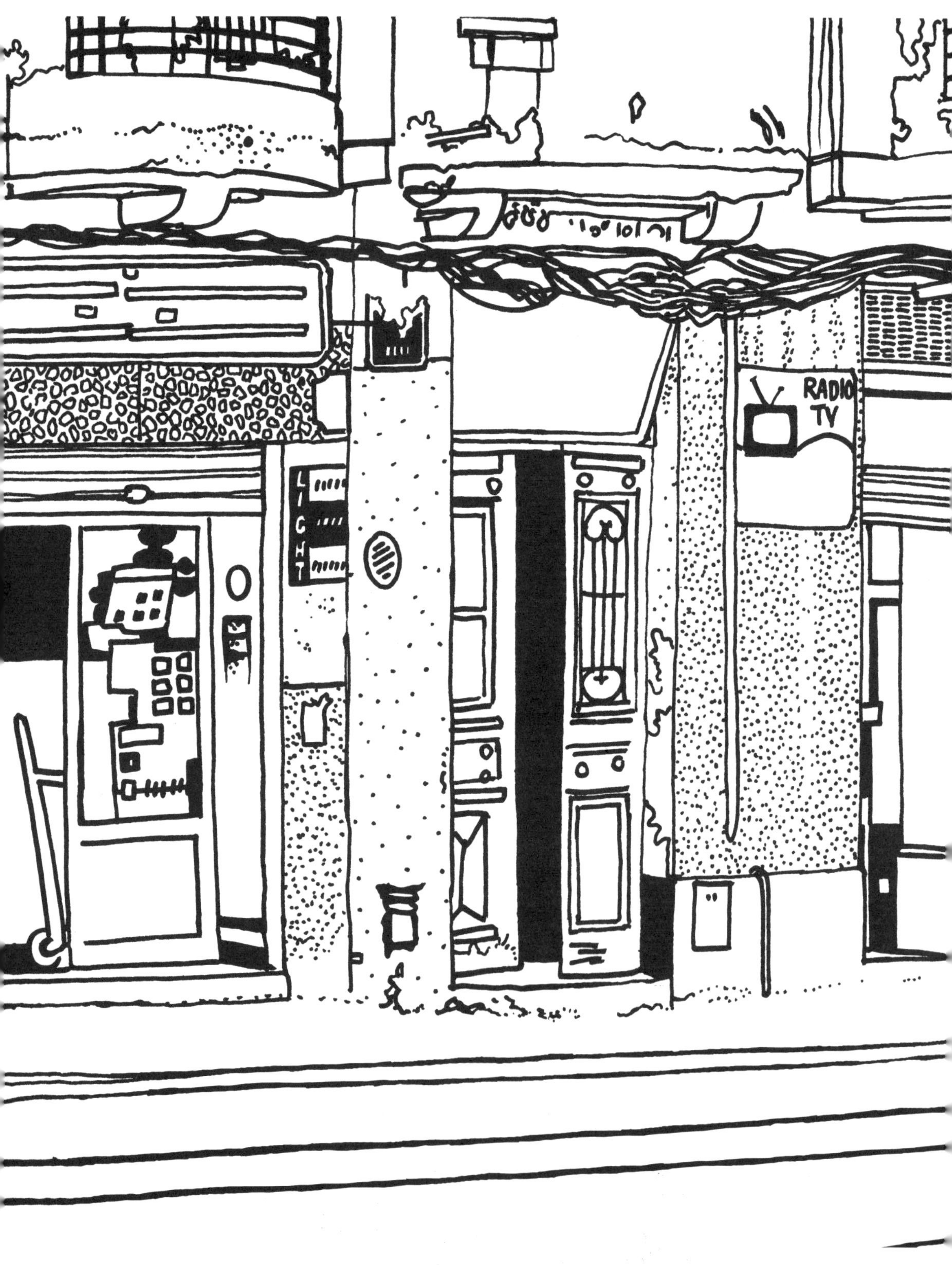

LICHT
RADIO
TV

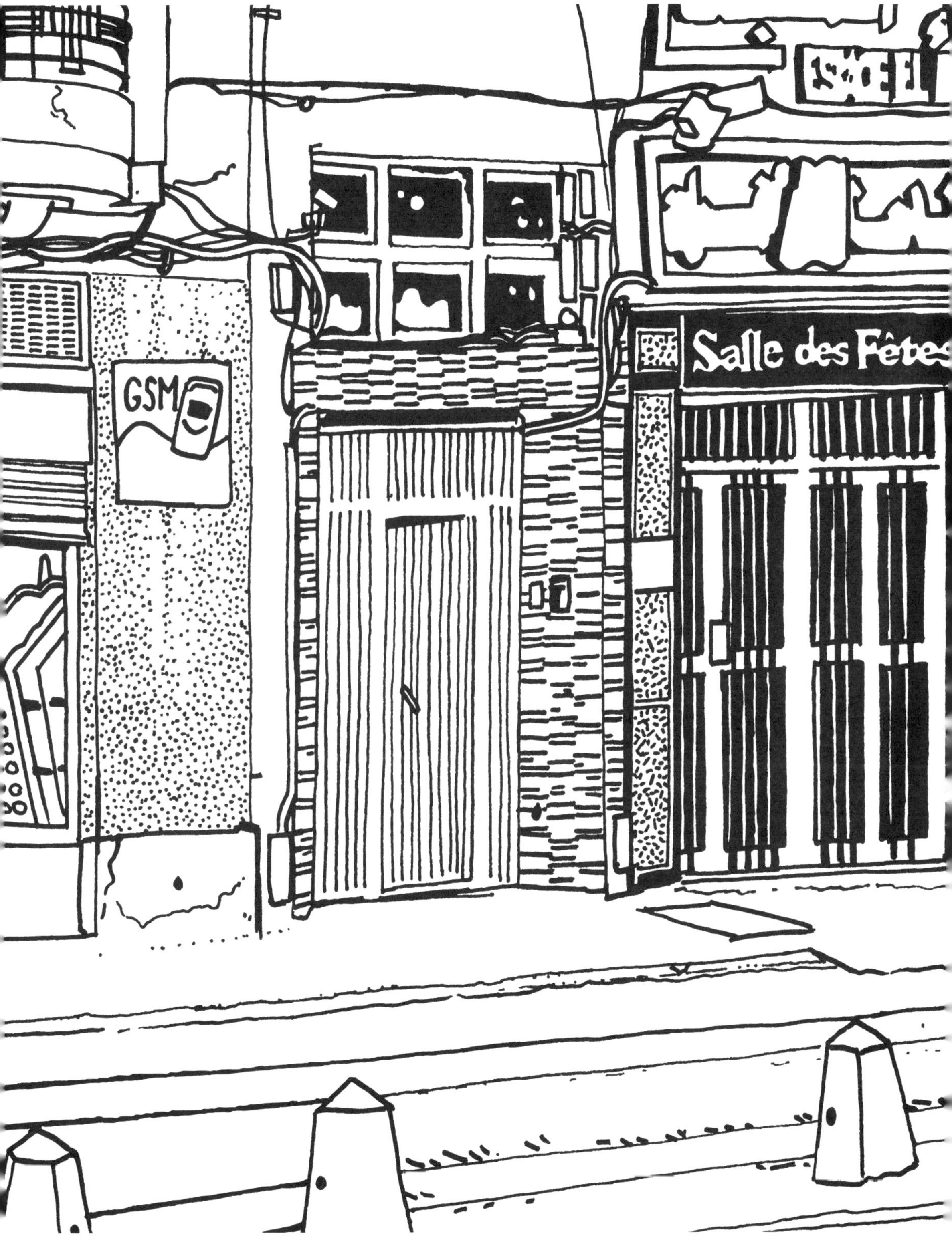

GSM
Salle des Fêtes

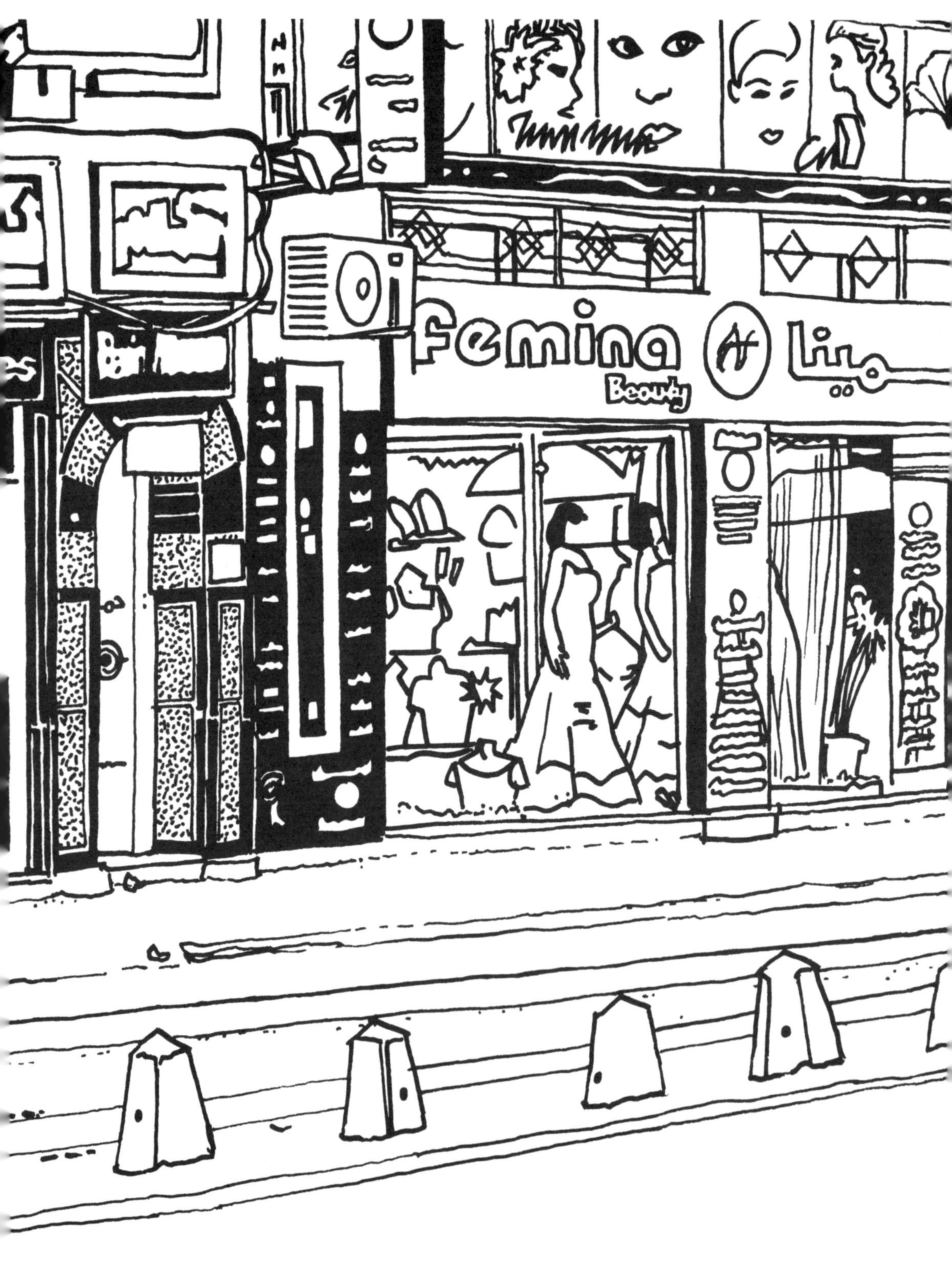

femina
Beauty
مينا

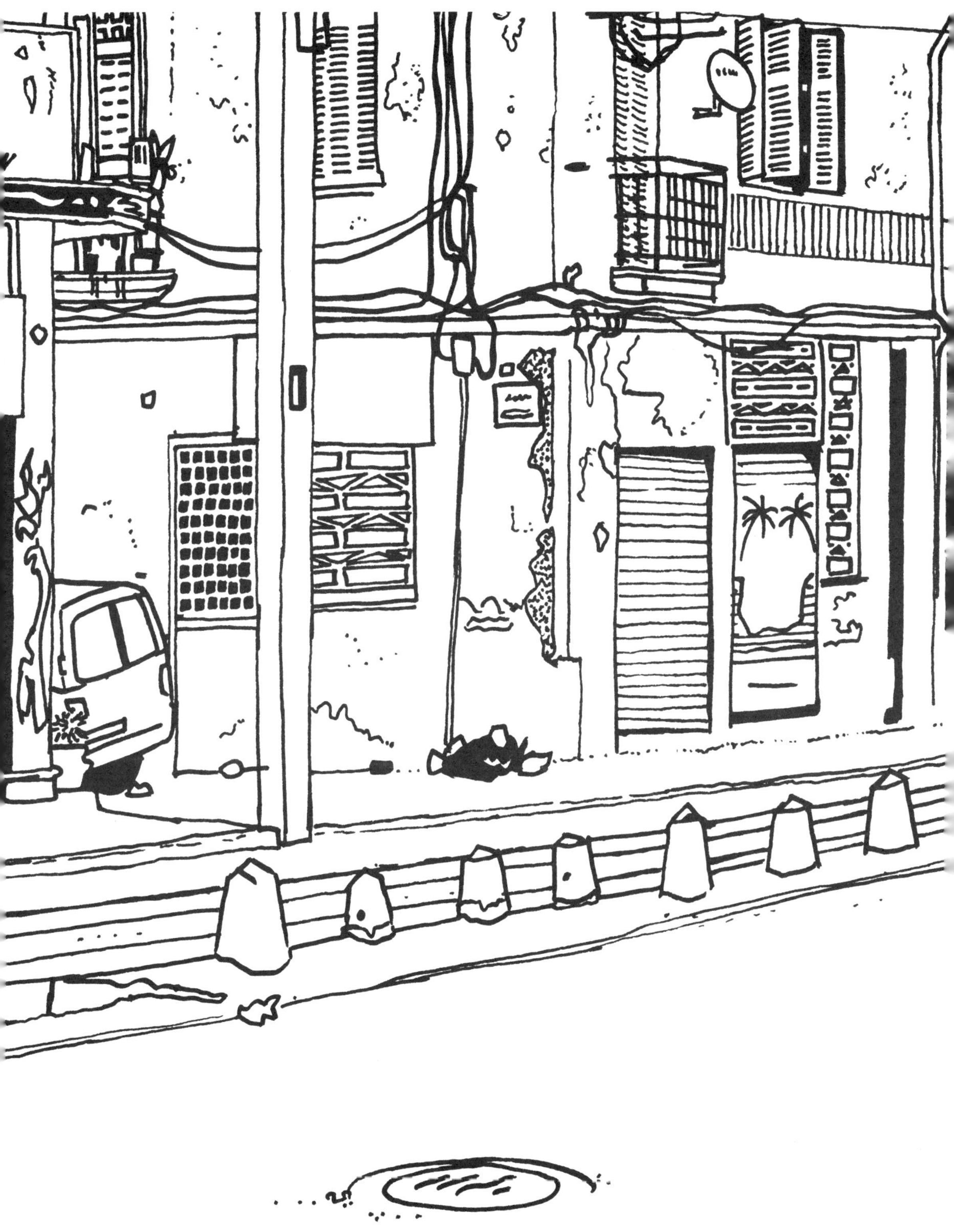

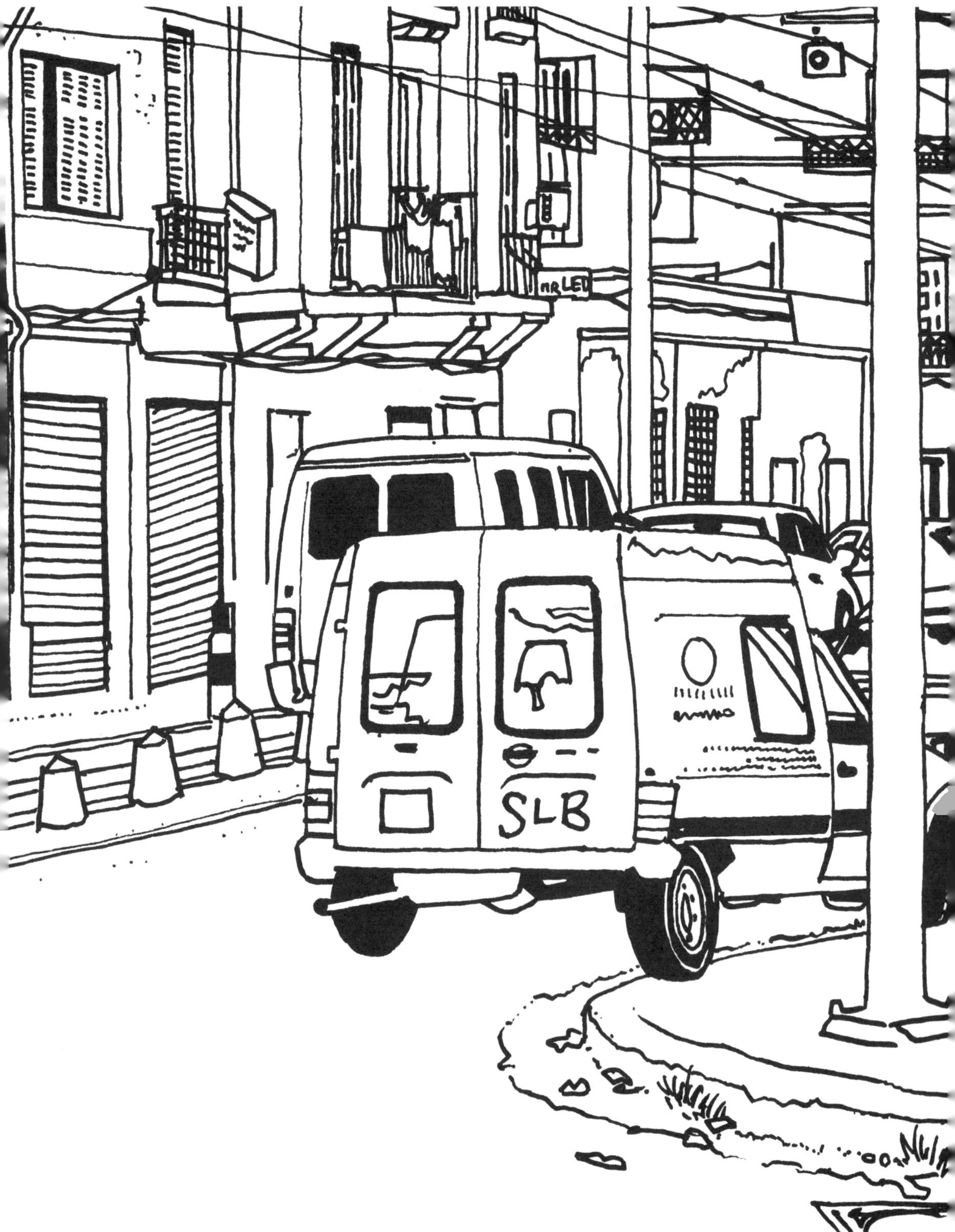

SLB

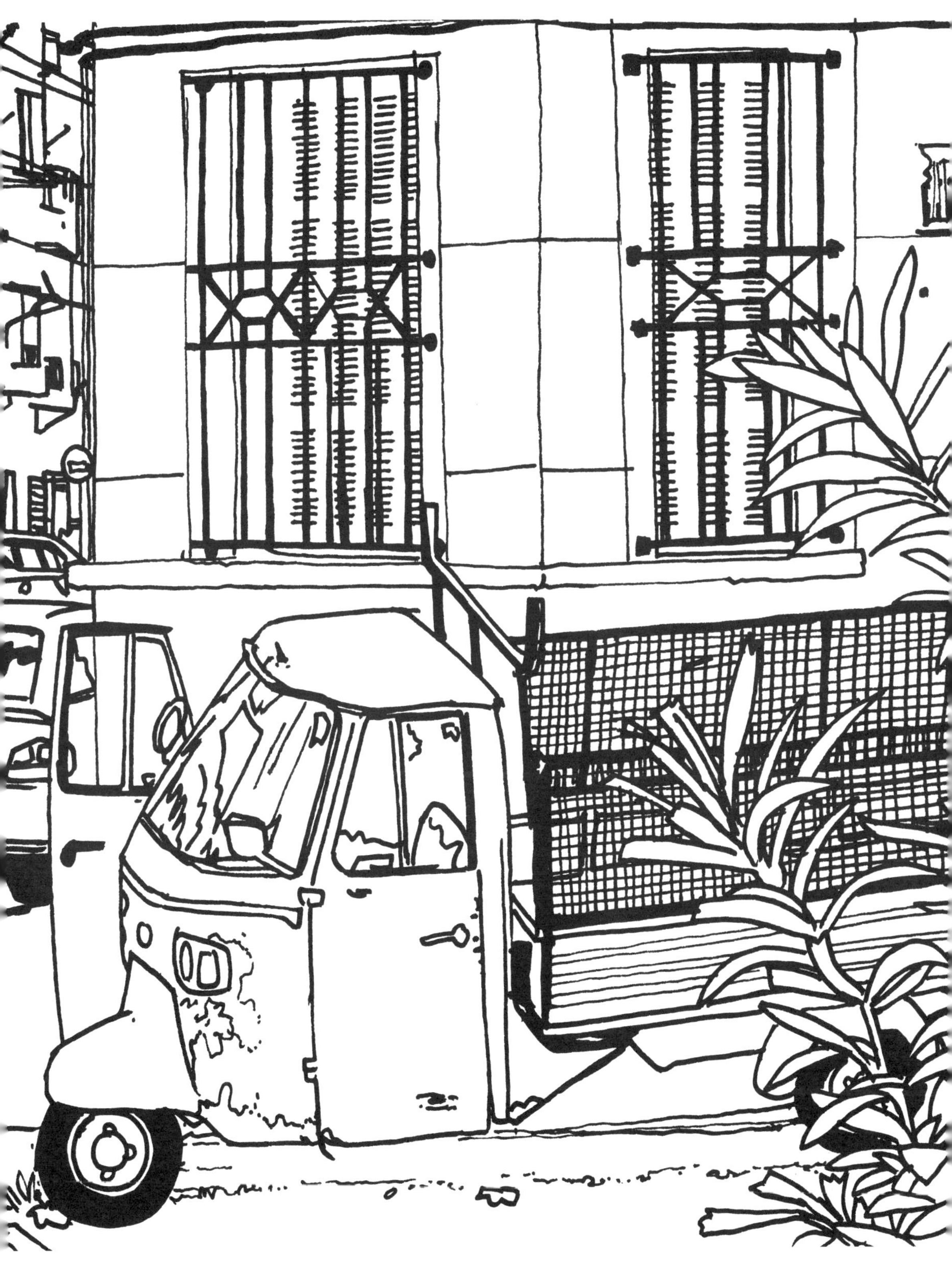

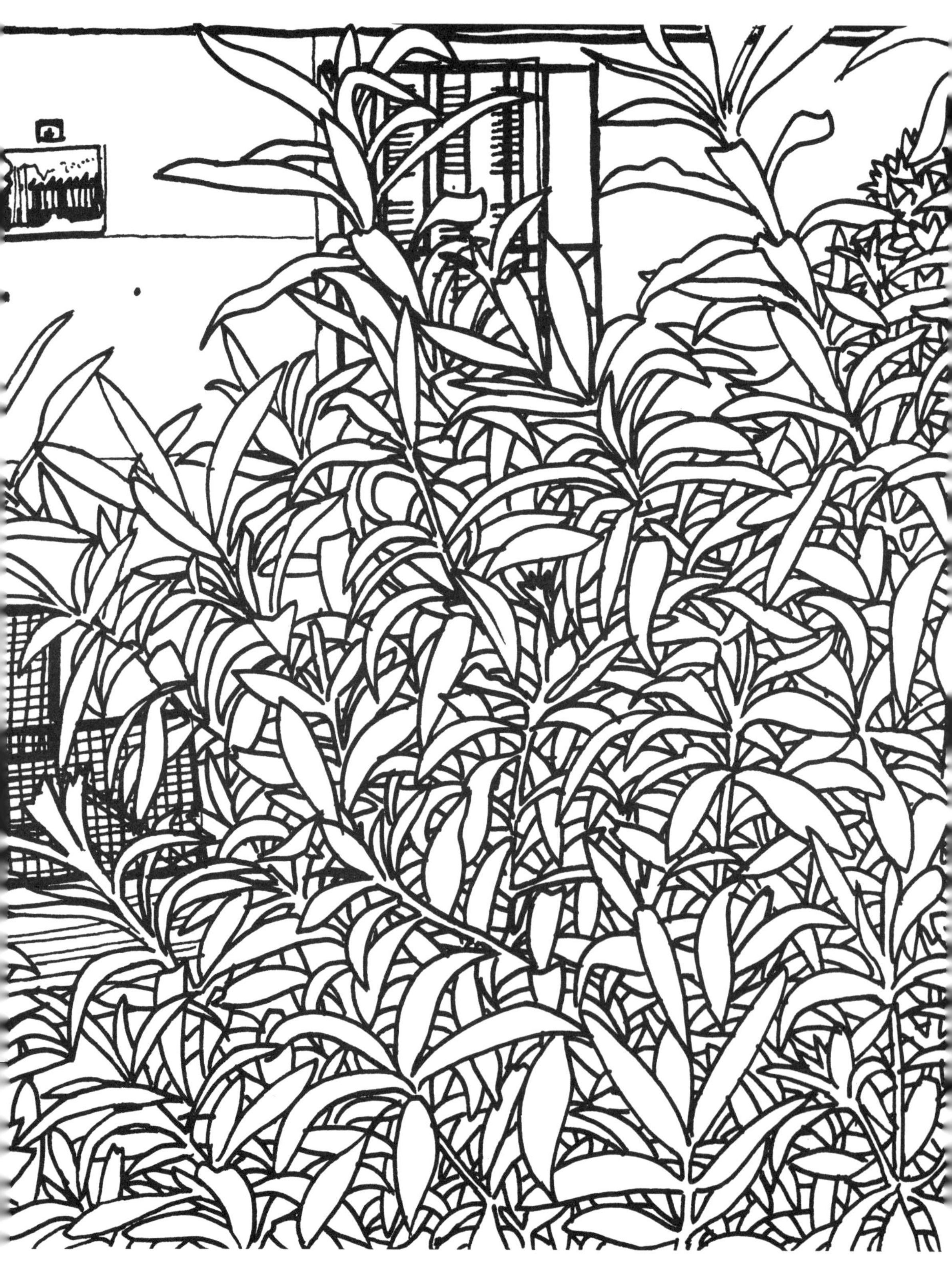

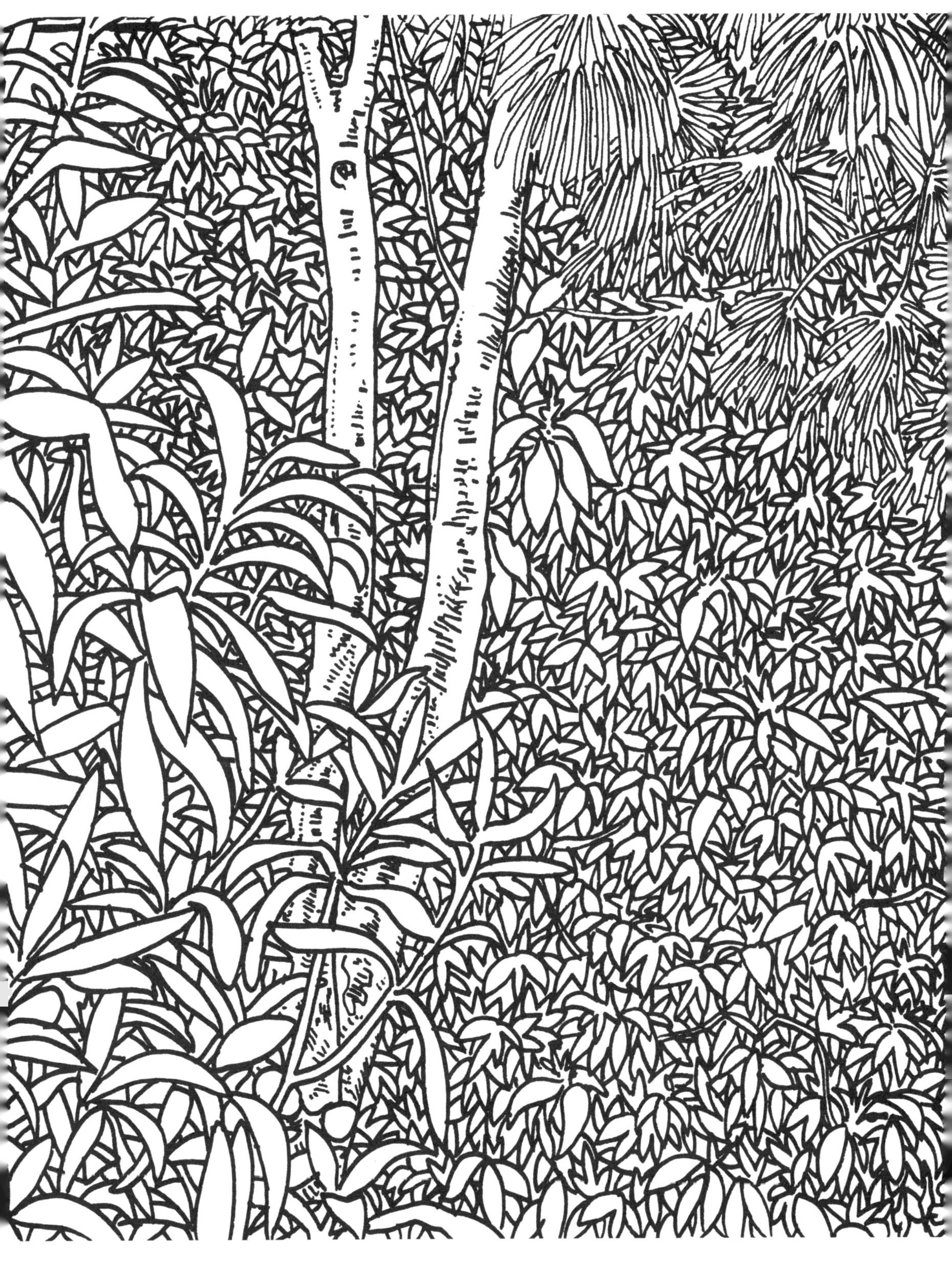

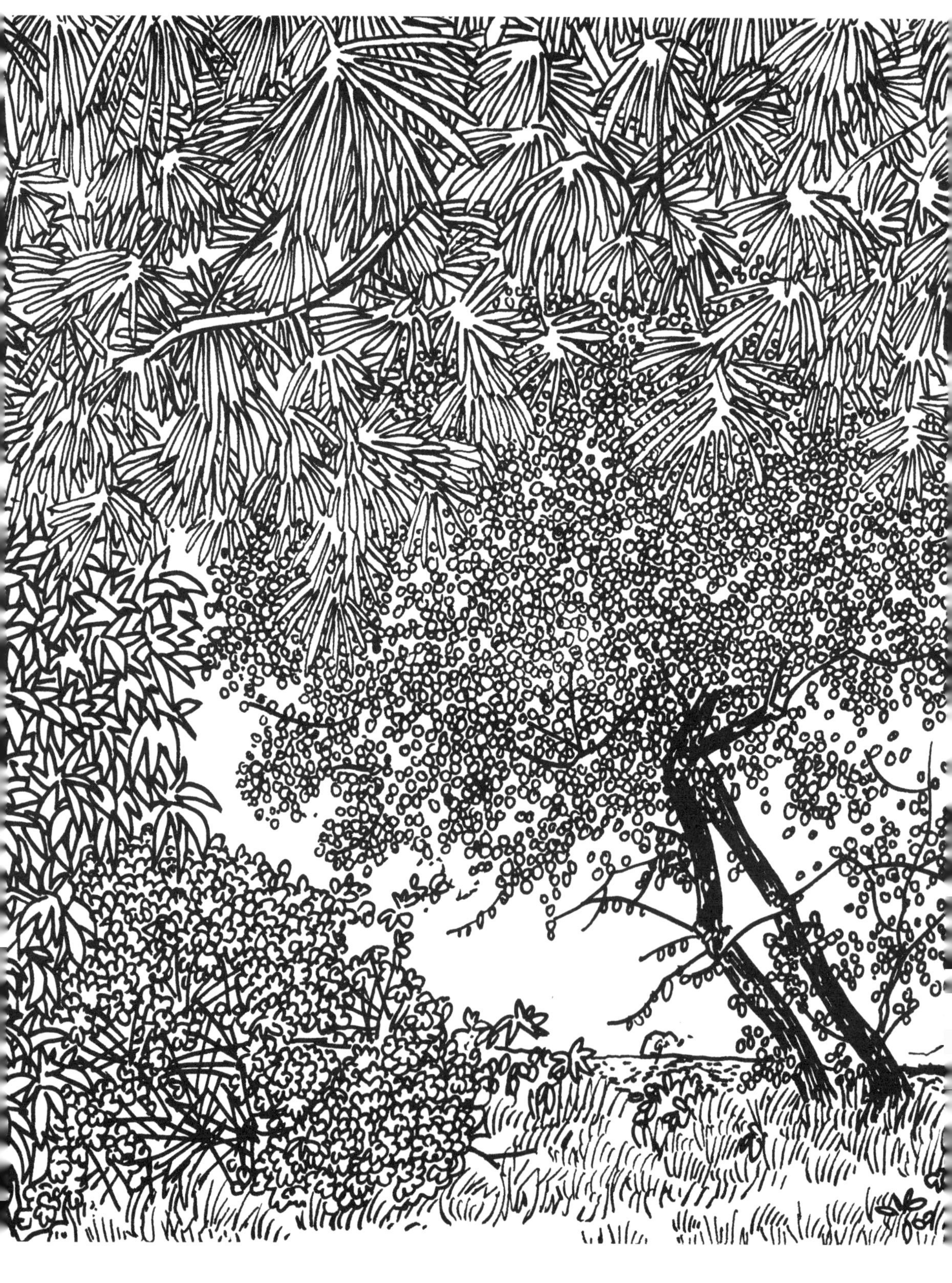

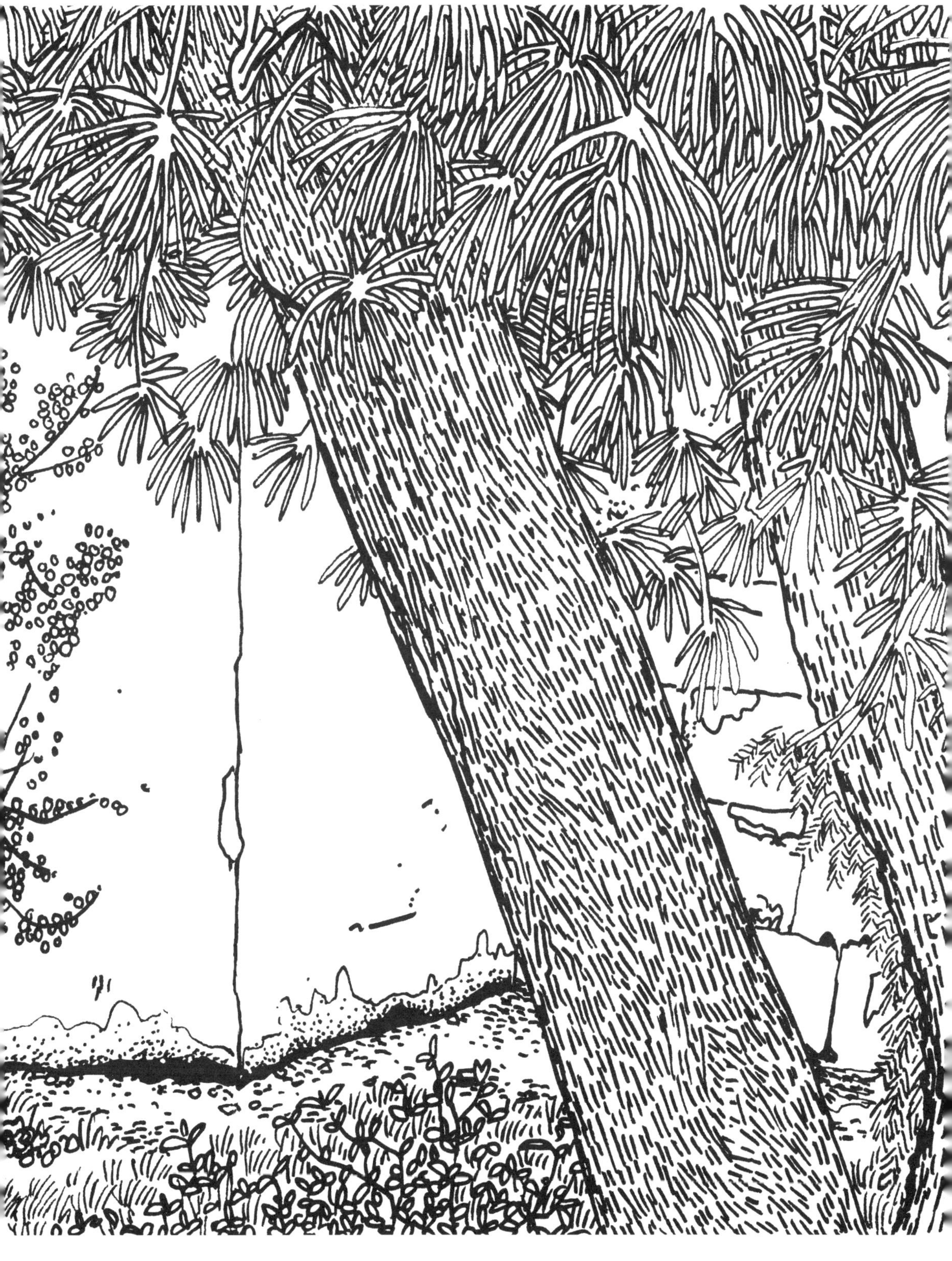

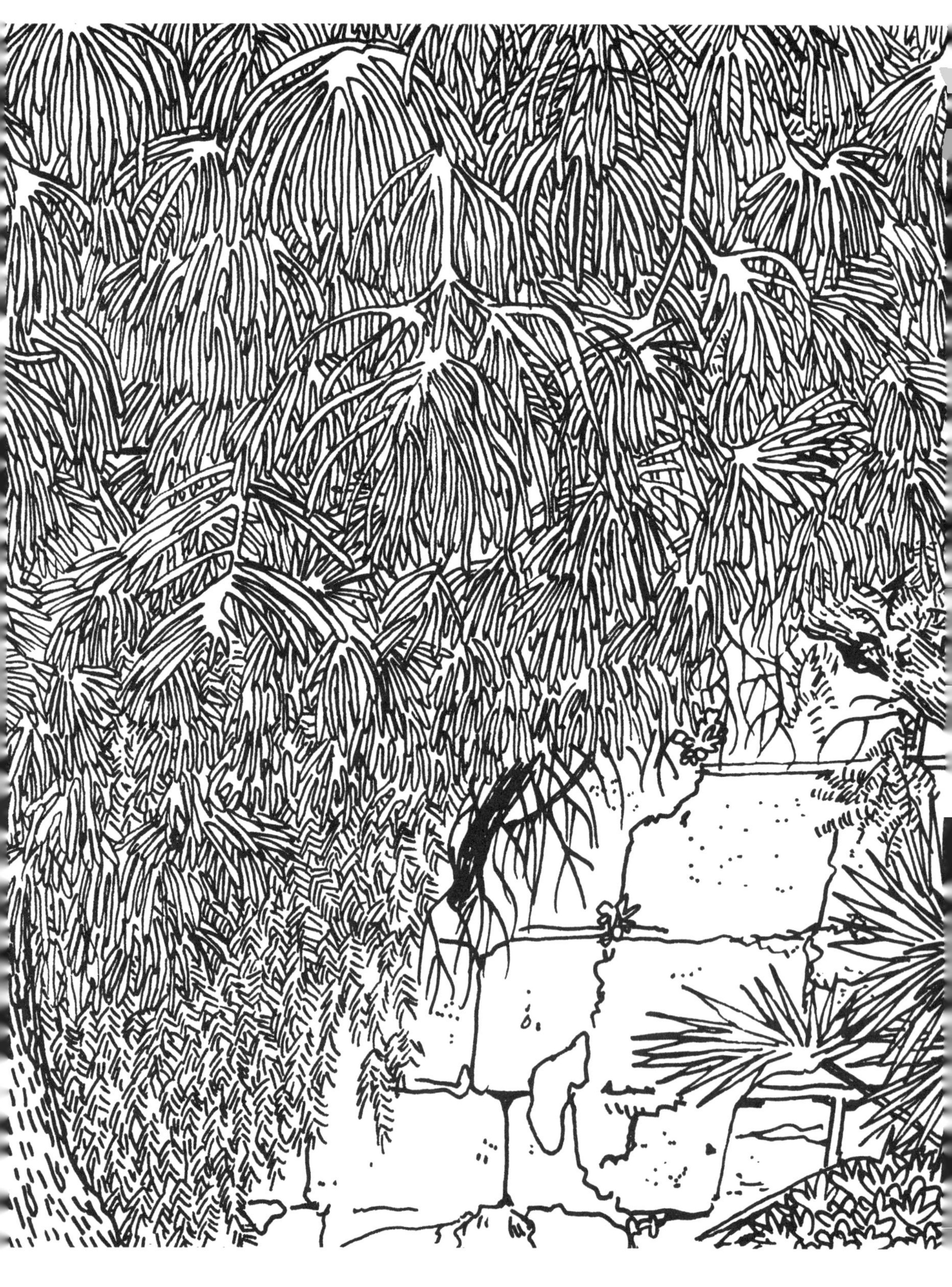

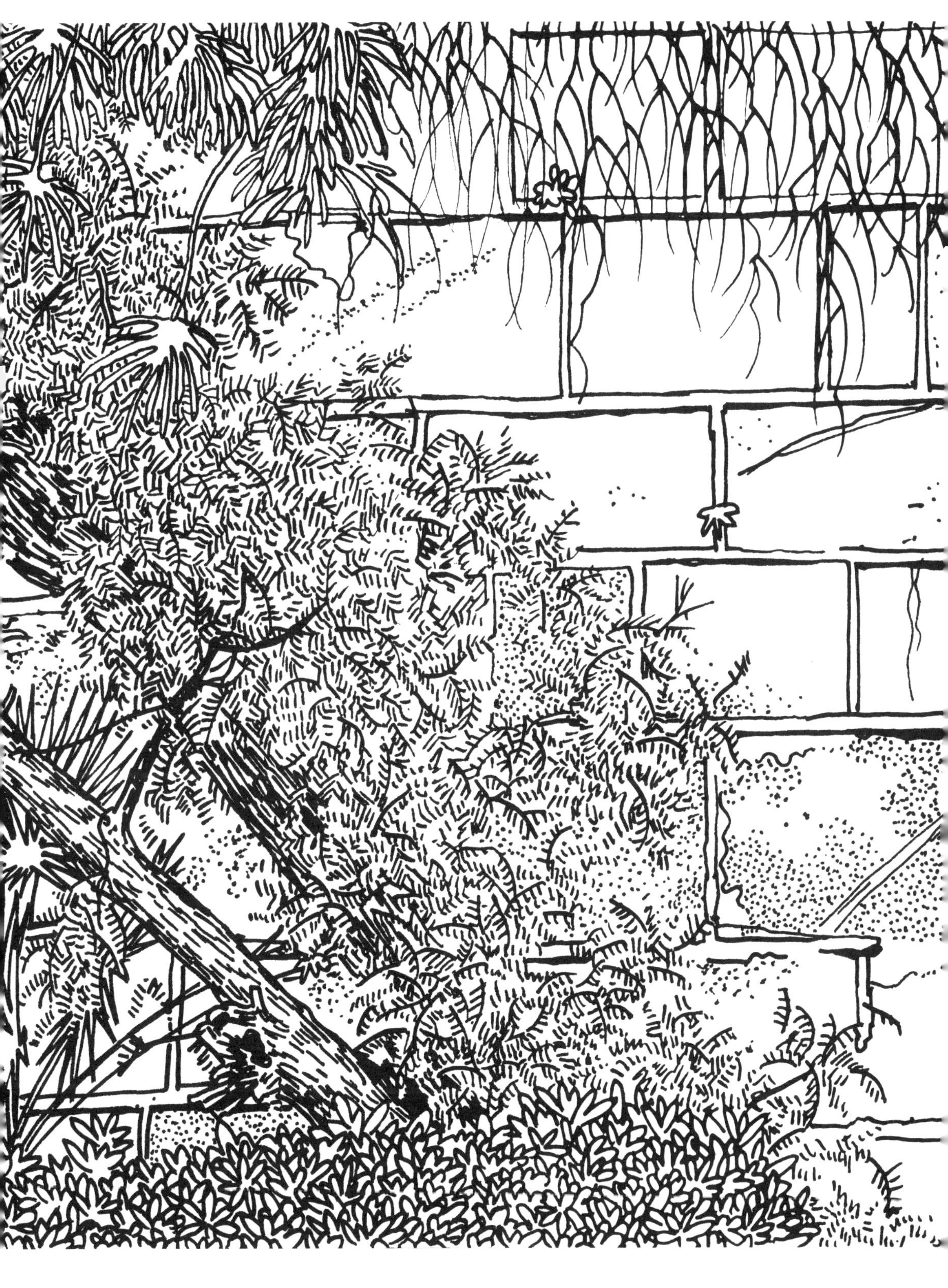

Ewige Touristen im Weltenrund
Gedankenreise aus dem imaginären Raum des Panoramas in die reale Welt

Prolog
Man wohnt irgendwo,
man macht irgendeine Arbeit,
man redet irgendwas daher,
man ernährt sich irgendwie,
man sieht sich irgendetwas an,
man sieht wahllos irgendwelche Bilder.

Man lebt irgendwie.
Man ist irgendwer.

‚Identität‘ —
einer Person
eines Dinges
eines Ortes.
(...)

Woran erkennt man eine Identität?
Wir machen uns ein Bild von uns selbst.
Wir versuchen diesem Bild ähnlich zu sehen.
Ist es das?
Der Einklang zwischen dem Bild,
das wir uns von uns machen, und (...)
ja, ‚uns selbst‘?

Wer ist das ‚wir selbst‘?

Wir leben in den Städten,
die Städte leben in uns.
Die Zeit vergeht.
Wir ziehen von einer Stadt in die andere,
von einem Land in ein anderes.
Wir wechseln die Sprache,
wir wechseln Gewohnheiten,
wir wechseln Meinungen,
wir wechseln die Kleidung,
wir verändern uns.
Alles verändert sich
und zwar schnell.

Vor allem die Bilder. Die Bilder um uns herum verändern
und vervielfältigen sich mit rasender Geschwindigkeit.

(...)

Wer will sich also darüber verwundern, dass der Begriff
von Identität so auf den Hund gekommen ist?
Identität ist out. Aus der Mode gekommen. Genau. —
Und was wäre dann in Mode, wenn nicht die Mode selbst?
Die ist immer in, sozusagen per Definition.
Identität und Mode. Ist das also ein Gegensatzpaar?
Mich interessiert die Welt, nicht die Mode.

Freie Transkription, Reisetagebuch Yamamoto – Aufzeichnungen zu Kleidern und Städten
Regie: Wim Wenders, 1989

Das Panorama, Vorgänger des Kinos und gewissermassen erstes Medium der Massen, ist aus der Mode gekommen. Es mag uns heute, aus der zeitlichen Distanz und angesichts des weltumspannenden Siegeszugs der hochtechnologischen Massenmedien und der Massenmobilität, kaum mehr nachvollziehbar erscheinen, auf welche Weise Panoramen einst die Volksscharen in ihren Bann zu ziehen vermochten. Nicht nur weil sie festhielten, was mit einem Blick unmöglich erfassbar ist: Gesamtschauen beziehungsweise Rundum-Sichten eines spezifischen geografischen Raumes aus einem tatsächlichen Ort und also einer bestimmten Zeit. Vielmehr weil sie Territorien darstellten, die Besuchern damals die Wirklichkeit einer Welt erschlossen, deren Begehung einer überwältigenden Mehrheit fern jeder Möglichkeit und Vorstellung lag.

Denn die Reise in den Innenraum des Panoramas setzt nicht a priori eine Fortbewegung voraus, sondern die Entschleunigung, ja den Stillstand, damit sich sein Gehalt offenbart und sich seine quasi ganzheitliche Sicht auf die räumliche Wirklichkeit manifestiert. Sie bedingt einzig, dass man die Rotunde, sein bautypisches zirkuläres Gebäudekonstrukt, betritt, um einen seiner schier endlosen Standpunkte einzunehmen und dabei zum Kern seines scheinbar statischen Geschehens zu werden. Panoramen geben mithin Einblick in einen räumlichen Ausblick. Sie sind Fenster in eine Momentaufnahme eines minutiösen territorialen Abbildes, namentlich eines wahrheitsgetreuen, greifbaren landschaftlichen oder urbanen Kontexts. Betritt man sie, so ergibt man sich einer präzisen Illusion der Wirklichkeit: einem beinahe unendlichen Raum in einem an und für sich gefassten räumlichen Gebilde, einer mutmasslich fremden Welt inmitten der gewohnten Alltäglichkeit. Der Inbegriff, die Idee ihrer — primär bildlich-räumlichen — Erfahrung liegt nicht in der Lokomotion, sondern im Einhalt, der Rast; nicht in der Erzeugung einer spektakulären Bewegungsfahrt, sondern im Appell an die Bereitschaft zur aktiven Wahrnehmung der dargestellten statischen Wirklichkeit. Wahrnehmung setzt Neugierde voraus. Und damit die aktive Partizipation der Betrachter zur Entschlüsselung des Gesehenen.

In der Innenwelt der Perzeptions- und Illusionsmaschine Panorama vereinigte sich das Lokale mit dem Globalen, konnte jeder Ortsansässige zum Entdecker werden, wurde jeder noch so sesshafte Zeitgenosse zum Reisenden, sofern er die Augen öffnete und zu sehen begann. Die unverhohlene Bereitschaft zum Staunen über das Vorgefundene machte aus lokal verwurzelten Besuchern ungebundene Touristen im Geiste, unbewusste Kosmopoliten, die sich durch den schlichten Einsatz ihrer sinnlichen Imaginationskraft ein Stück der Welt eroberten, die ihnen in der Realität verwehrt blieb.

Aus den entdeckenden Betrachtern von einst sind ewige Touristen im Weltenrund geworden, vermeintlich globale Entdecker des realen Terrains. Panoramen mögen, zumal in der westlichen Hemisphäre, gerade deshalb aus der Mode gekommen sein, weil wir uns die Welten, die sie einmal beschrieben, ja die Welt als Ganzes, mittlerweile erschlossen und de facto zu Ende entdeckt haben. Längst können wir uns an alle erdenklichen Orte fortbewegen, mögen sie noch so entfernt sein; wozu ist uns da das Bild der Wirklichkeit als Dokumentation noch dienlich? Ein solches Abbild unserer möglichen Destinationen braucht nicht mehr zu uns zu kommen, wo wir doch jedes beliebige Territorium, wann immer es uns beliebt, in Echtzeit und erst noch im Original erfahren können. Doch machen uns unsere Ausflüge in die entlegendsten Orte der Welt zu den besseren Kennern, erschliesst uns das Reisen die Gebiete des realen Raumes in ihrer Identität tatsächlich umfänglicher und unmittelbarer, wenn wir die Orte wahrhaftig aufsuchen, anstatt dass wir uns der Bilder bedienen, die sie festhalten? Die Gefahr, in die wir uns begeben, wenn wir uns im Kleid des Touristen die Welt buchstäblich untertan machen, ist die, dass wir der Bequemlichkeit verfallen und uns ziel- und wahllos treiben lassen. Zu Konsumenten werden statt zu Entdeckern. Was nichts anderes heisst, als dass wir die uns auszeichnende Bereitschaft verlieren zu schauen. Sehen, die Wahrnehmung als solche, ist der Schlüssel zum Erkennen der Identität des uns umgebenden Raumes. Verlieren wir, unterlassen wir diese unsere elementare Fähigkeit zur sehenden Wahrnehmung, so berauben wir uns eines essenziellen Mittels zur Erschliessung des Raumes und damit zum Verständnis der Welt. Denn unsere räumliche Wirklichkeit ist ein Konstrukt, das entschlüsselt werden will. Wahrnehmung führt uns unweigerlich zur Sprache. Ohne Worte können wir nicht denken. Was heisst, dass wir das dem Raum zugrundeliegende Zeichensystem entziffern müssen, damit wir ihn erfassen und damit beschreiben können.

Die Identität eines Ortes gibt sich uns nicht einzig preis über die vielschichtigen und vielfältigen Codes, die ihn auszeichnen, sondern ebenso — und vielleicht in noch stärkerem Masse — über uns selbst. Denn Identität ist in erster Linie das, was wir unmittelbar mit unseren Sinnen zu sehen und zu erkennen bereit und fähig sind. Sie ist das Ebenbild unseres Innenlebens, das sich auf der Oberfläche des uns umgebenden territorialen Raumes abbildet und mit ihr verschmilzt.

Unser Zugang zum Raum, namentlich zur Landschaft per se, bleibt uns jederzeit selbst überlassen und ist daher stets ein subjektiver. Oder, um es mit den Worten des Soziologen Lucius Burckhardt zu umschreiben: „Nicht in der Natur der Dinge, sondern in unserem Kopf ist die Landschaft zu suchen." Landschaften, ungeachtet dessen, ob natürliche, landschaftliche oder urbane, bleiben unsichtbar, damit identitätslos, solange wir sie nicht erkennen. Die mutmassliche Identitätslosigkeit oder die

Identität des Raumes ist immerzu Ausdruck unserer eigenen Identität. Sie sagt mehr über unser eigenes Verhältnis zu uns selbst aus als über die tatsächliche Identität des Raumes, die es als solche nicht gibt, zumal sie sich nur über uns selbst offenbart. Vielleicht haben wir, die wir Panoramen veraltet oder ‚ausser' Mode finden, resigniert vor unserem eigenen Entdeckergeist, sind kaum mehr imstande Neues zu sehen, trotz unserer Touren in die entferntesten Landschaften. Oder gar vor der Welt selbst, die in einer geradezu unaufhaltsamen Geschwindigkeit und in ungeheurem Masse im Begriff ist, sich anzugleichen, zu vereinheitlichen.

Zweifellos ist unsere gegenwärtige Epoche geprägt von einer alles durchdringenden, allumfassenden Vereinheitlichung von Raum und Geist. Wir, die wir Teil der globalen Masse sind, tragen die gleichen Kleider, wohnen in denselben Häusern, essen in denselben Restaurants. Wir fahren dieselben Autos, hören einheitliche Musik und fliegen allesamt an die identischen und noch so entfernten Orte, in die gleichen sich gleichenden Anlagen, besuchen dieselben Sehenswürdigkeiten und Schauplätze. Alles ist populär, sogar Nischen, einstige Alternativen, sind heutige Massenware. Wir wissen alles, glauben, alles zu kennen, haben den totalen Durchblick, wo doch das Internet uns allen alles, ja die Welt als Ganzes, nahtlos zugänglich macht. Die Welt ist einerlei geworden. Moden, Produkte und Lösungen spannen sich flächendeckend über den Globus. Und nivellieren unseren Geist wie auch die Räume unserer Landschaften. Sie verdrängen die Spuren und Erzeugnisse des Lokalen. Formen sie zu Massenbrei, alles wird austauschbar, alles ist in allem und überall. Unser Sehen wird getrübt durch die vermeintliche Gleichheit, die sich in einer nie da gewesenen Dimension über den Globus legt. Wahrhaftig aber ist es unser Blick auf die Welt, der am meisten beeinträchtig scheint. Wir erblinden an der Gleichförmigkeit. Und verlieren darob die Neugierde auf die Welt.

Unser Selbstverständnis als Touristen, als reisende Betrachter der Landschaftsräume, ist das von Konsumenten dieses unseren Raumes geworden und ist nicht mehr jenes von Entdeckern. Die Gewohnheit, die Wiederholung der vermeintlich gleichen bekannten Bilder, die wir immerzu suchen und sehen, hat uns abgestumpft. Bewegen wir uns in die Welt, so reisen wir für den Kick, die Unterhaltung. Wir gehen scheinbar zweckbestimmt, zum Zeitvertrieb, zur Ablenkung, und nicht mehr ahnungslos in den offenen Raum. Die Grenzen, die wir ausloten, sind kaum mehr in unserem Geist zu suchen, sie müssen das Adrenalin in unseren Adern gefrieren lassen.

Erfahrung, Erkenntnis der Dinge suchen wir, wenn es gut kommt, in der Virtualität. Ohne Rückkoppelung auf die Wirklichkeit. Wir drehen uns im Kreis des ewig Gleichen. Weil wir eben nur noch Konsumenten sind und uns nicht mehr als Entdecker verstehen. Wo uns das Panorama einst das Terrain zum virtuellen Tourismus ebnete, den wir zwangsläufig nur von zu Hause aus betreiben konnten, da wir die Mittel nicht hatten, die Welt zu erkunden, und die Augen auf die Welt hinter unserem Horizont öffnete, sind wir im realen Territorium der offenen Welt gewissermassen blinde Touristen geworden, da wir das Sehen verlernt haben. Unser Verhältnis zur räumlichen Wirklichkeit hat sich eingetrübt, hat uns die Neugierde zur Wahrnehmung des realen Raums geraubt. Wir haben aufgehört, das Neue zu suchen, das uns wieder das Gefühl geben könnte, aufrichtige und ehrfürchtige Entdecker zu sein, weil wir resigniert haben angesichts der uns trügenden Wirklichkeit, vor der trügerischen Absenz des Neuen, in unserem Glauben alles zu kennen.

Weil wir die Welt so hinnehmen, wie sie scheinbar ist, sprich wie sie uns im Spiegel unserer selbst erscheint. Und nicht wie sie sein könnte. Womöglich haben uns die modernen Formen unserer Fortbewegung und deren Geschwindigkeit den Zugang zu unserem Raum verdreht. Wie das Fliegen, das uns auf einmal ermöglichte, vom Grossen auf das Kleine zu blicken, förmlich ,top down' über den Sachen zu stehen. In einer Weise, die uns nun im Wege steht, offenbar Neues zu erkennen. Geschwindigkeit lähmt den Entdeckergeist. Weil sie uns den Raum vor allem auf der Oberfläche und über das Oberflächliche erschliesst. Die Bilder der Welt haben sich allesamt in unserem Kopf festgesetzt. Wir kennen die Orte, glauben, jedem beliebigen Raum auf dem Globus Merkmale zuordnen zu können, Attribute, die wir für das Spezifische halten. Eigenschaften, die nur allzu leicht mit Identität verwechselt werden können. Wir glauben, unsere Identifikationsbilder seien gesetzt und damit auch die Identität. Doch liegt fern dieser möglicherweise allzu einfach typisierten Unterscheidungen nicht eine eigenartigere und weniger offensichtliche Identität verborgen, welche den Orten und Räumen unserer unmittelbaren Umwelt gleichsam untergeordnet ist? Eigenarten, die nicht minder als ebenso kennzeichnende und unterscheidbare Elemente des Raumes wahrgenommen werden können? Liegt das wahrhaftig Neue, das Entdecker immerzu zu suchen gewillt bleiben, nicht gleichermassen hinter der offensichtlichen Oberfläche des unmittelbar Fassbaren, Spektakulären? Wenn dem so ist, dann müssen wir einzig innehalten, unsere Geschwindigkeit im Raume drosseln und unseren Fokus ändern, den Blick ,bottom up' richten und abermals vom Kleinen auf das Grosse blicken, damit wir wieder Entdecker sein können. Was nichts anderes heisst, als dass wir unsere Neugierde auf das Banale zuwenden und in seinen Nuancen das Spezifische erkennen.

Suchen wir abermals das Imaginäre anstatt bloss das unmittelbar Ersichtliche! Wir müssen dazu einzig das Erkennen des Neuen neu lernen. Damit wir wieder neugierig werden. Neugierde heisst, bereit sein, zu staunen über das uns offenbar Neue. Sie ist die Triebkraft all unserer Fragen in Bezug auf die Dinge und also auf den Raum selbst. Sobald wir Neues zu sehen glauben, werden wir über unsere Neugierde geweckt.

Jedes unbekannte neue Territorium wirft einem neugierigen, sensitiven Besucher in erster Linie einmal Fragen auf. Je unbekannter das Terrain, desto mehr stellt sich unsere eigene Orientierung auf den Kopf, desto mehr verliert sich unsere Übersicht, desto mehr Fragen stellen sich. Fragende Entdecker ringen dem Territorium, das sie betreten, keinen direkten Nutzen ab. Sie stehen der räumlichen Landschaft somit ,ohne Interesse' gegenüber, was heisst: ohne direkten existenziellen Gewinn. Ihr Motiv des Reisens bleibt vor allem ein ästhetisches. Im Gegensatz zu Eroberern, zu Kolonisatoren, die sich dem Ziel verpflichten, die Welt nutzbar zu machen, verlassen Entdecker die Ebene der Ästhetik kaum. Sie bleiben, schauende Touristen, Betrachter des sie umgebenden offenen Raumes, für dessen verborgenen Zauber sie stets empfänglich bleiben.

Die Panoramen Ingo Giezendanners wie auch Marquard Wochers konfrontieren uns trotz oder gerade über ihre zeitliche, örtliche und formale Gegensätzlichkeit auf exemplarische Weise mit den unmittelbaren Grundfragen der reisenden Entdecker: Weshalb wollen und sollen wir sehen? Warum reisen wir? Vielleicht weil wir dem Drang erliegen, uns eigene Bilder der Orte und Räume und also der Welt zu machen. Vielleicht aber wollen wir tatsächlich mehr als das, wenn wir die Räume der Welt wahrhaftig aufsuchen: eine Erfahrung, die uns den Blick auf das Neue öffnet und ein ganzheitliches Verständnis dieser Territorien ermöglicht.

Sie führen uns auf eine Reise, die uns an unseren Ursprung des Sehens zurückbringt. Und laden uns ein, ihre Mitte als ‚naive, neugierige Touristen' zu betreten und um uns selbst zu schauen, um über ihren Raum, den sie darstellen, unsere eigene Landschaft neu zu entdecken und wiederzuerkennen. Gleichzeitig fordern sie uns auf, unseren ‚wirklichen Raum' um uns herum auf unsere eigene Art zu lesen. Sie lehren uns, aus der Lektüre und der Interpretation des Gesehenen eine neue Modalität der Betrachtung und der Begehung der Landschaften, die wir bewohnen, zu entwickeln. Und damit eine eigene Vision, eine eigene Haltung zum realen Territorium zu erschaffen, nicht nur dazu, wie der wirkliche Landschaftsraum ist, sondern vielmehr eine eigene Vorstellung, wie wir uns diesen unseren Raum im Weltenrund wünschen.

David Zumstein

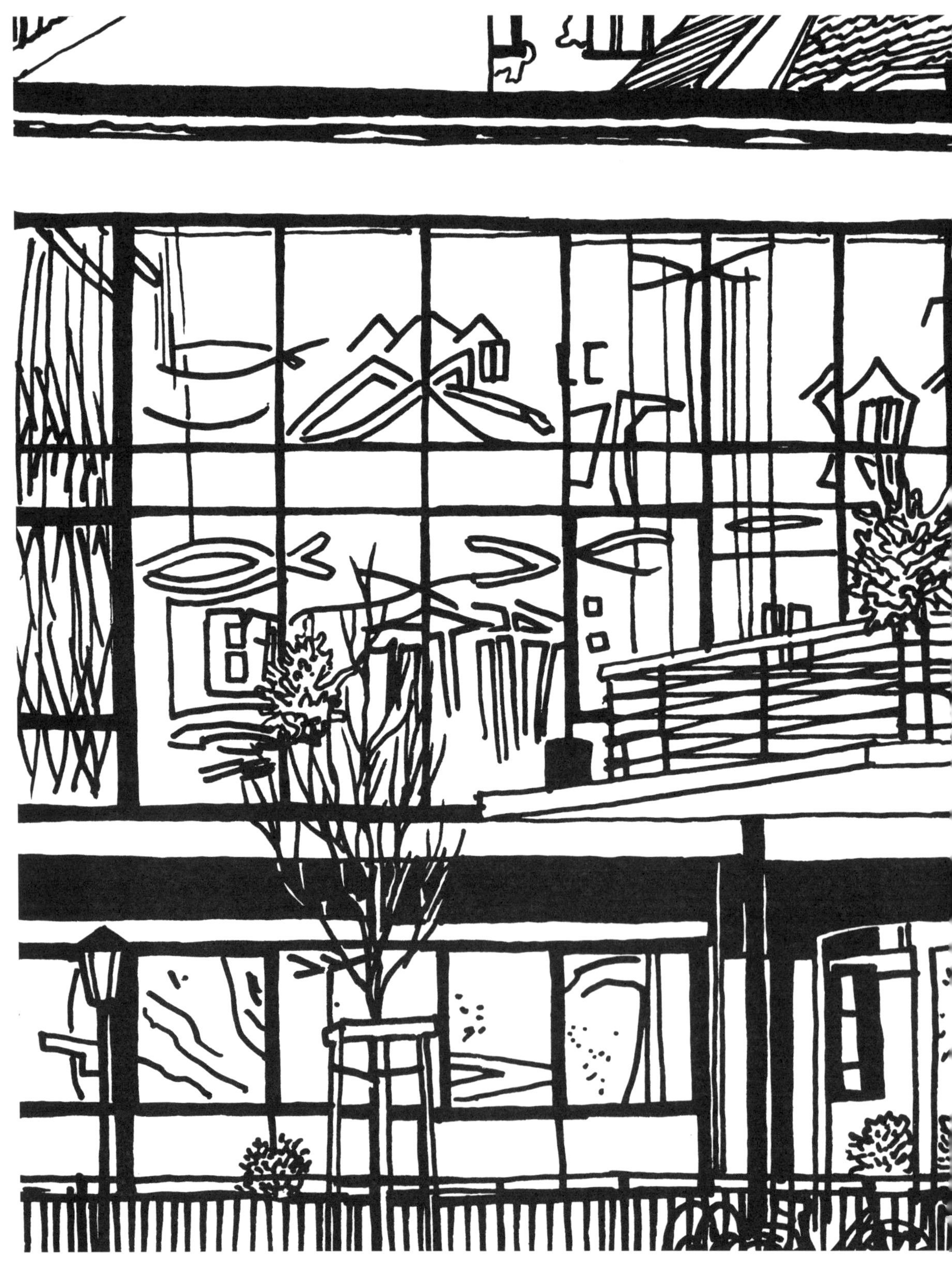

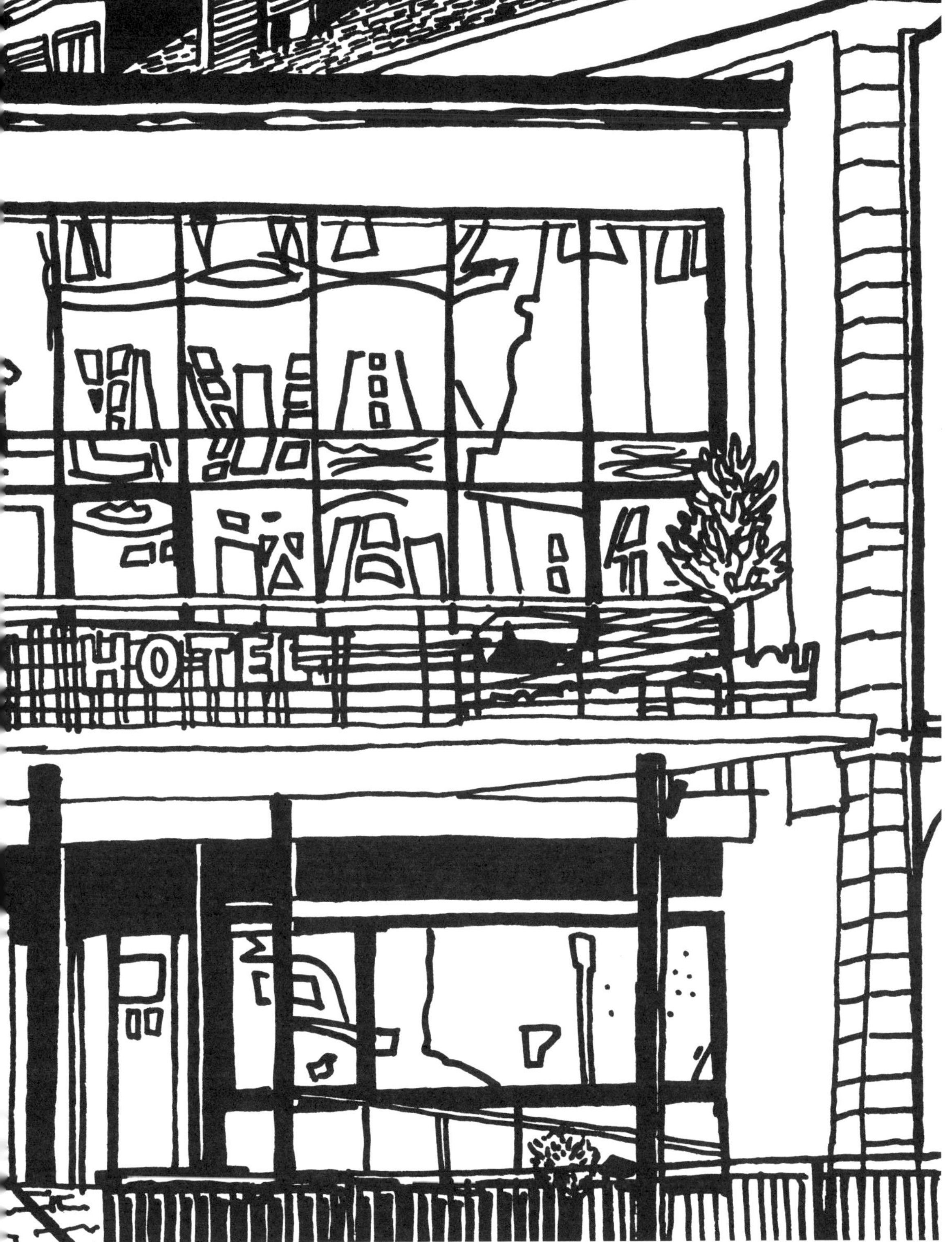

HOTEL

Eternal Tourists Around the World
Mind journeys from the imaginary space of the panorama into the real world

Prologue
You live somewhere,
you do some kind of work,
you talk something,
you eat somehow,
you just look at something,
you see some pictures at random.

You live somehow.
You are somebody.

'Identity' —
of a person
of a thing
of a place.
(...)

How do you recognise an identity?
We create an image of ourselves.
We try to look like this image.
Is that it?
The conformity between the image,
that we create of ourselves; and (...)
indeed 'ourselves'?

Who is that 'ourselves'?

We live in the cities,
the cities live in ourselves.
Time goes by.
We move from one city to another,
from one country to another.
We switch language,
we change habits,
we change opinions,
we change clothes,
we change ourselves.
Everything changes
and fast.

Especially the images. The images change around us
and multiply at breakneck speed.

(...)

Nobody is suprised therefore that the notion
of identity has gone to the dogs? Identity is out.
Gone out of fashion. To be precise. —
And what would be in fashion, if not fashion itself?
That is always in, as it were, by definition.
Identity and fashion. Is this then a pair of opposites?
It is the world that I am interested in, not fashion.

The Panorama, forerunner of the cinema and to some extent the first medium of the masses, has gone out of fashion. From the distance in time and in view of the worldwide triumphal march of the high-tech mass media and mass mobility, we can barely comprehend today how panoramas could once draw the crowds into its spell. They not only held what is impossible to capture in a single view, a complete or all-around view of a specific geographic area of an actual place and therefore of a certain time, but they also depicted territories that opened up to visitors the reality of a world, the entry to which lay beyond the possibility and imagination of an overwhelming majority.

For, travel into the interior of the panorama does not require an a priori locomotion, but the deceleration, indeed the standstill, so that its content is revealed and its virtual holistic view is manifested in the spatial reality. It only requires that one enters the rotunda, its characteristic circular building, and assumes one of its seemingly endless points of view and thereby becomes the core of its seemingly static events. Panoramas therefore give insight into a spatial view. They are outlooks in a snapshot in time of a minute territorial image, namely a truthful and tangible landscape or urban context. On entering it, one obtains an accurate illusion of reality: an almost infinite space in an actually composed spatial structure, a presumed alien world in the midst of the familiar everyday life. The quintessence, the idea of its — primary pictorial-spatial — experience is not in locomotion, but in the stop, the rest; not in the creation of a spectacular journey of movement, but in the appeal to the willingness to actively perceive the depicted static reality. Perception presupposes curiosity. And therewith the active participation of the viewer to decipher what is seen.

In the inner world of the panorama's perception and illusion machine, the local is united with the global and any resident could become a discoverer, even the most local contemporary became a traveller, if only he opened his eyes and began to see. The blatant willingness to wonder at what is found transformed locally based visitors into unattached tourists in spirit, unconscious cosmopolitans who captured a bit of the world that was denied to them in reality through the simple use of their sensory power of imagination.

The exploring spectators of the past have become eternal tourists around the world, the supposedly global explorers of the real terrain. Panoramas may have therefore just gone out of fashion especially in the Western Hemisphere, because in the meantime we have accessed the worlds they once described, even the world as a whole and in fact have finished discovering. Since we've been able to move to all kinds of places for so long, no matter how distant they may be; why do we need the image of reality as documentation? Such a picture of our possible destinations needs no longer come to us, when we can experience any territory whenever we like in real time and in the original. But if, instead of resorting to the pictures that capture them, we truly seek the places, do our trips to the most remote places in the world make us better appreciators, do the travels to the areas of real space open up their identity really more extensively and directly? The danger, which we betake ourselves when we are in the garb of tourists who literally make the world subservient, is that we have become slaves to comfort and that we are driven around aimlessly and indiscriminately. Instead of explorers, we've become consumers. Which means nothing else than that we lose our distinguishing willingness to look. Seeing, the perception as such, is the key to recognising the identity of the surrounding area. If we lose or neglect our basic capability of visual perception, we deprive ourselves of an essential means to open up the space and therewith the understanding of the world. Because our spatial reality is a construct that needs to be decrypted, perception leads us inevitably to language. We cannot think without words. This means that we need to decipher the code underlying the space, so that we can record it and thereby describe it.

The identity of a place is revealed to us not only through the complex and diverse codes that distinguish it, but also— and perhaps even more so— through ourselves. Identity is primarily what we are willing to and capable of seeing and recognising directly with our senses. It is the spitting image of our inner life, which is reproduced on the surface of the surrounding territorial space and merges with it.

Our access to space, especially the landscape per se, is always left to us and therefore is subjective at all times. Or, to paraphrase the words of the sociologist Lucius Burckhardt: "The landscape is to be sought not in the nature of things, but in our mind." Landscapes, regardless of whether natural, scenic or urban, remain hidden, so that it is without identity as long as we do not recognise them. The presumed lack of identity or the identity of the space is all the time an expression of our own identity. It says more about our own relationship to ourselves than about the real identity of the space, which doesn't exist as such, particularly since it reveals only about ourselves. Perhaps, finding the panoramas outdated or 'out of fashion', we are resigned to our own spirit of discovery and hardly in a position to see anything new, despite our tours to the most remote landscapes. Or resigned even to the world itself, which is on the point of adapting and standardising in an almost unstoppable speed and to a tremendous extent.

Doubtlessly, our current era is influenced by an all-pervading, all-embracing unification of space and spirit. We, who are part of the global mass, wear the same clothes, live in the same houses, eat at the same restaurants. We drive the same cars, listen to uniform music and we all fly to identical and yet the most remote places, in the same look-alike facilities, and visit the same sights and scenes. Everything is popular, even niches, erstwhile alternatives, today's mass-produced goods. We know everything, think we are aware of everything, have the total perspective, since the Internet makes everything, indeed the whole world, seamlessly accessible to us. The world has become monotonous. Fashions, products and solutions span extensively across the globe. And our mind as well as the spaces level our landcapes. They displace the local traces and products. They form into a mishmash; everything is interchangeable, everything is in everything and everywhere. Our vision is clouded by the apparent equality that lies across the globe in an unprecedented dimension. But, indeed, it is our view of the world that seems the most impaired. We become blind to the uniformity. And lose, thereat, the curiosity about the world.

Our self-image as a tourist, as a travelling viewer of the landscapes, comes to us as the consumer of our spaces and is no longer that of explorers. The habit of repeatedly viewing the supposedly known images, which we search for and see all the time, has deadened us. When we move around in the world, we go after the kick, the entertainment. We go out apparently for a purpose, as a pastime, as diversion, and no longer clueless into the open space. The boundaries we are exploring can hardly be sought in our minds, but they must freeze the adrenaline in our veins.

We are looking for experience and knowledge of things, if it goes well, in the virtuality. Without feedback on the reality. We go around in circles of the eternal same. Because, we are mere consumers and no longer understand ourselves as explorers. Whereas the panorama once paved the ground for virtual tourism for us, which we could necessarily only carry on from home, because we did not have the means to explore the world, and the eyes to the world opened beyond our horizon, we have become to some extent blind tourists in the real territory of the open world, because we have lost the vision. Our relationship to the spatial reality has deteriorated, and has robbed us of the curiosity to perceive real space. We have stopped looking for the new, which could again give us the feeling of being sincere and reverent explorers, because we have resigned ourselves in the face of deceitful reality, before the deceptive absence of the new, of knowing everything in our faith.

Because, we accept the world as it seems, or in other words, how it appears to us in the mirror of ourselves. And not as it could be. If anything, the modern forms of our movement and its speed have skewed the access to our space. Like flying, which at once enabled us to look from the big at the small, literally to view things from 'top down'. In a way, that stands now in the way of recognising the evidently new. Speed paralyses the spirit of discovery. Because it makes the space accessible for us, especially on the surface and through the superficial. The images of the world have all been established in our heads. We know the places and think we can assign features to any space on the globe, attributes that we consider the specific. Characteristics that can be confused too easily with identity. We believe our images of identification are set and therefore also the identity. But isn't there, far from this possibly all too standardised distinction, a more peculiar and less obvious identity hidden, which the places and spaces of our immediate environment are, so to speak, subordinated? Peculiarities that can be perceived as no less than characteristic and distinctive elements of space? Doesn't the truly new, which the discoverer is incessantly eager to keep searching, lie equally behind the apparent surface of the immediately tangible, spectacular? If that is so, then we only need to stop, slow down our speed in space and change our focus, adjust the 'bottom up' view and once more look from the small to the big, so that we can be explorers again. What is nothing more than saying that we turn our curiosity towards the common and recognise in its nuances what is specific.

Let us search once again for the imaginary instead of merely the immediately apparent! We need to re-learn only the recognition of the new. For this reason we are curious again. Curiosity means to be prepared to marvel at the apparently new. It is the driving force behind all our questions about things and thus about the space itself. As soon as we think we see something new, we are aroused by our curiosity.

Every unknown new territory in the first place raises questions to a curious, sensitive visitor. The more unknown the terrain, the more our own orientation is turned upside down, the more our overview is lost, the more the questions arise. Questioning explorers do not coerce any direct benefit from the territory they enter. Thus they face the spatial landscape 'without interest', which means: without direct existential gain. Their motive to travel remains purely aesthetical. Contrary to conquerors and colonialists, who commit themselves to utilise the world, explorers hardly ever abandon aesthetics. They are tourists who remain looking, spectators of the open space surrounding them, always receptive to its hidden magic.

Despite, or precisely because of their temporal, local and formal dichotomy, Ingo Giezendanner's and Marquard Wocher's panoramas confront us exemplarily with the immediate basic questions of travelling explorers: Why do we want and need to see? Why do we travel? Perhaps, because we succumb to the urge to create our own images of places and spaces and thus of the world. But, perhaps, we want more than that, when we truly visit the spaces of the world: an experience that opens our view to new things and brings us closer to a holistic comprehension of these territories.

They take us on a journey, which leads us to the origin of seeing. And they invite us to enter their midst as 'naive, curious tourists' and look around us, to newly discover and recognise our own landscape through the space that they depict. At the same time they request us to read in our own way the real space around us. They teach us to develop a new modality of observation and inspection of the landscapes we inhabit from the reading and interpretation of the things we have seen. And to create thereby an independent vision and attitude towards the real territory, not only in terms of how the 'real landscape is', but also in reality an own vision of how we wish this, our space should be within the entire world.

David Zumstein

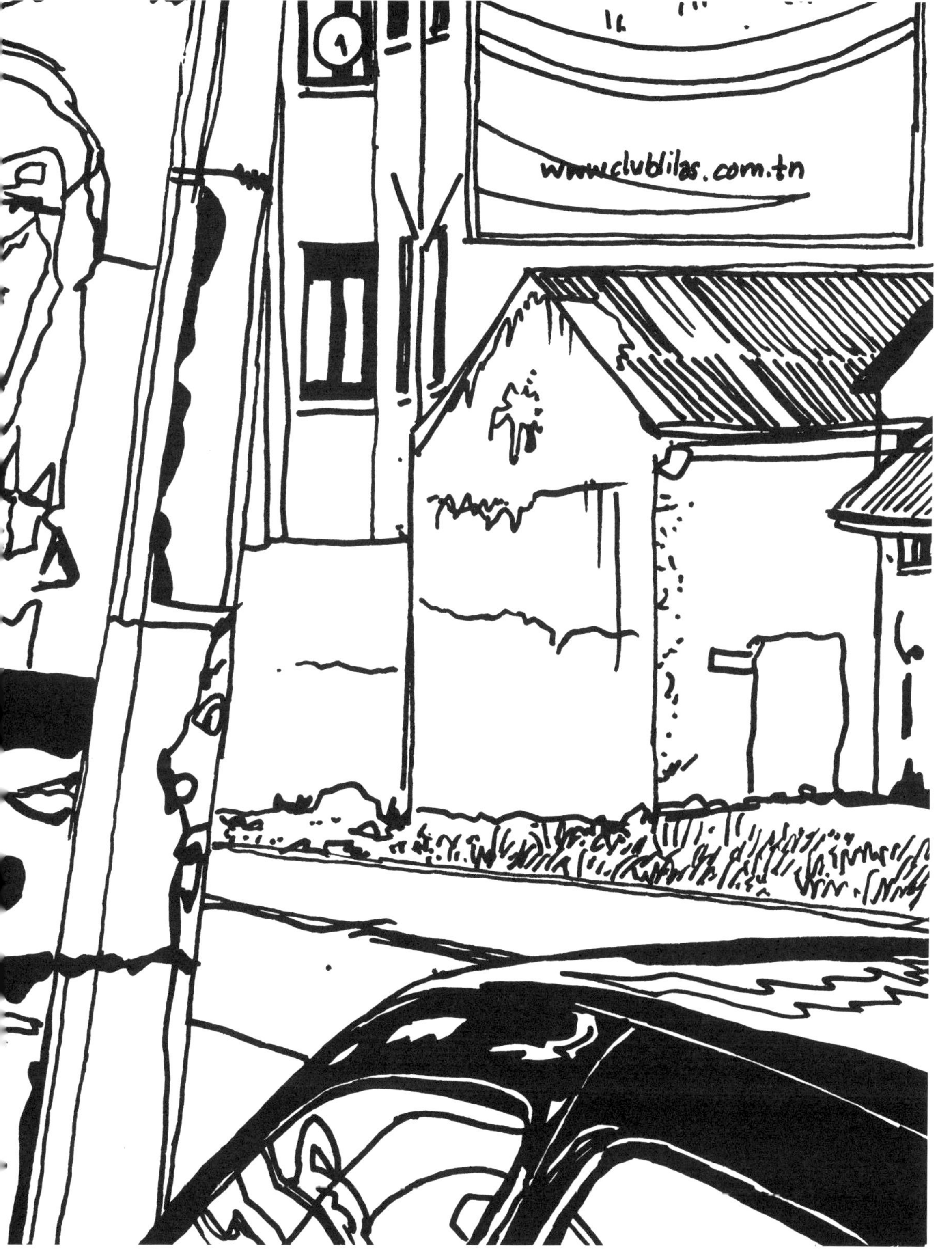

www.clublilas.com.tn

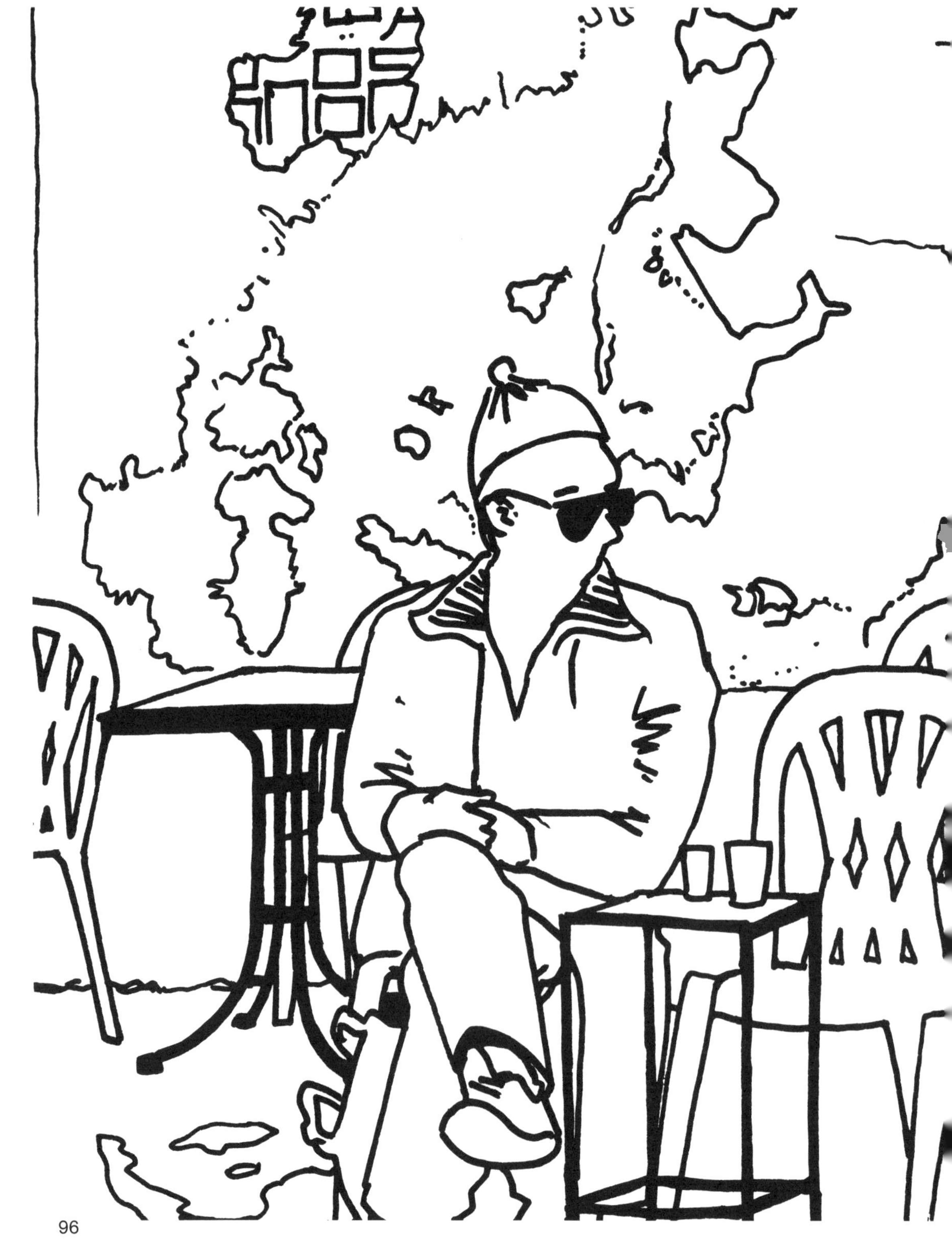

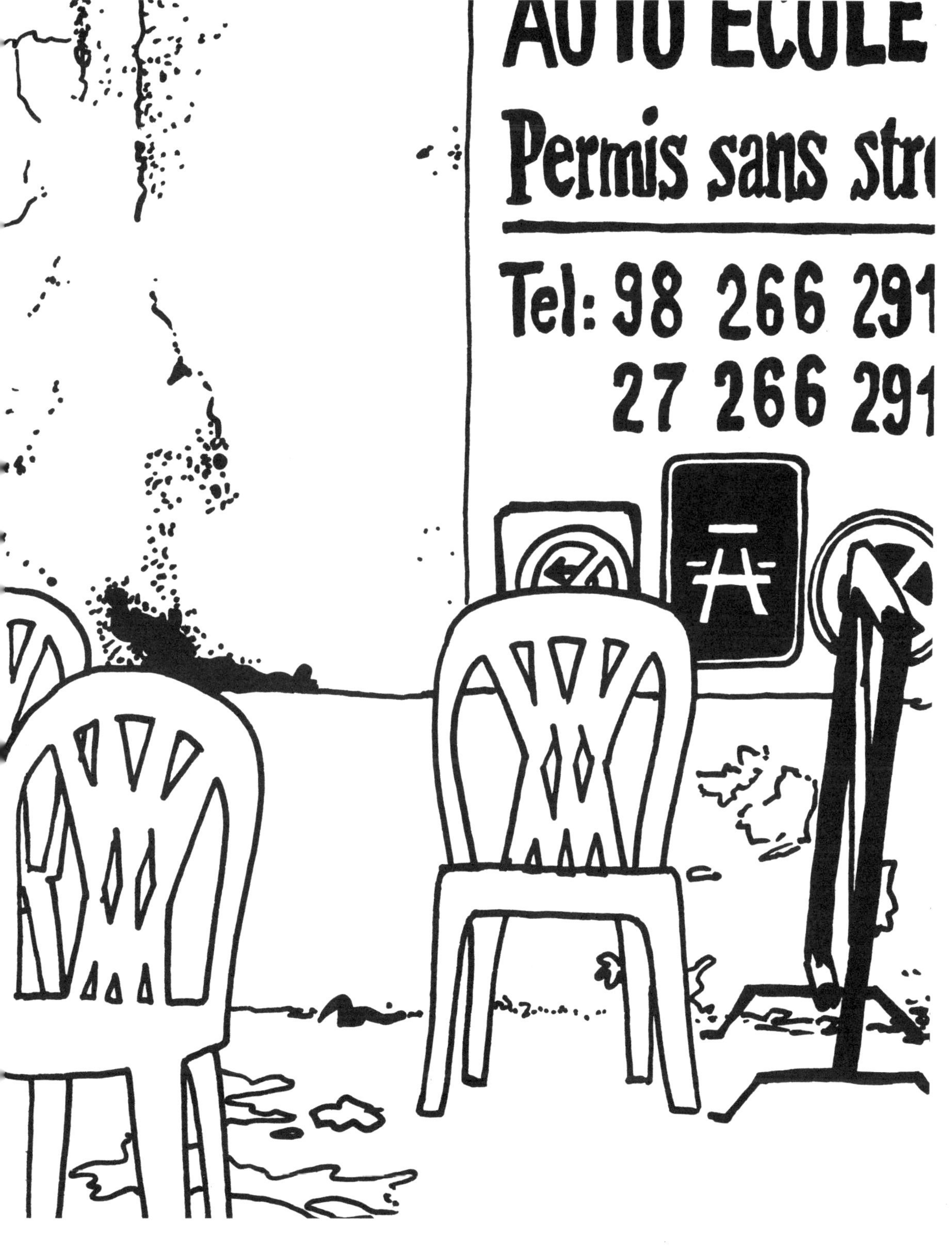

AUTO ECOLE
Permis sans str
Tel: 98 266 291
27 266 291

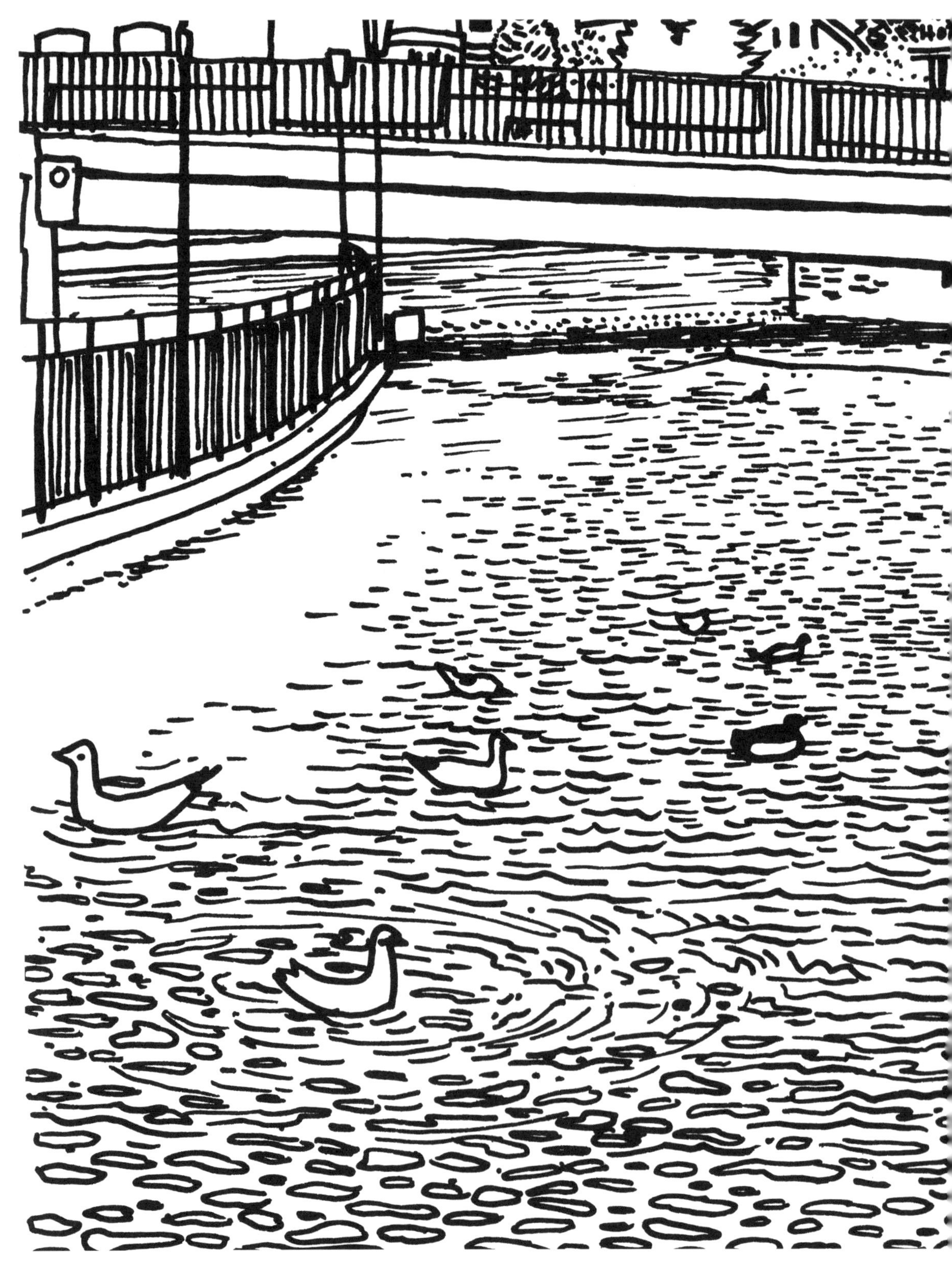

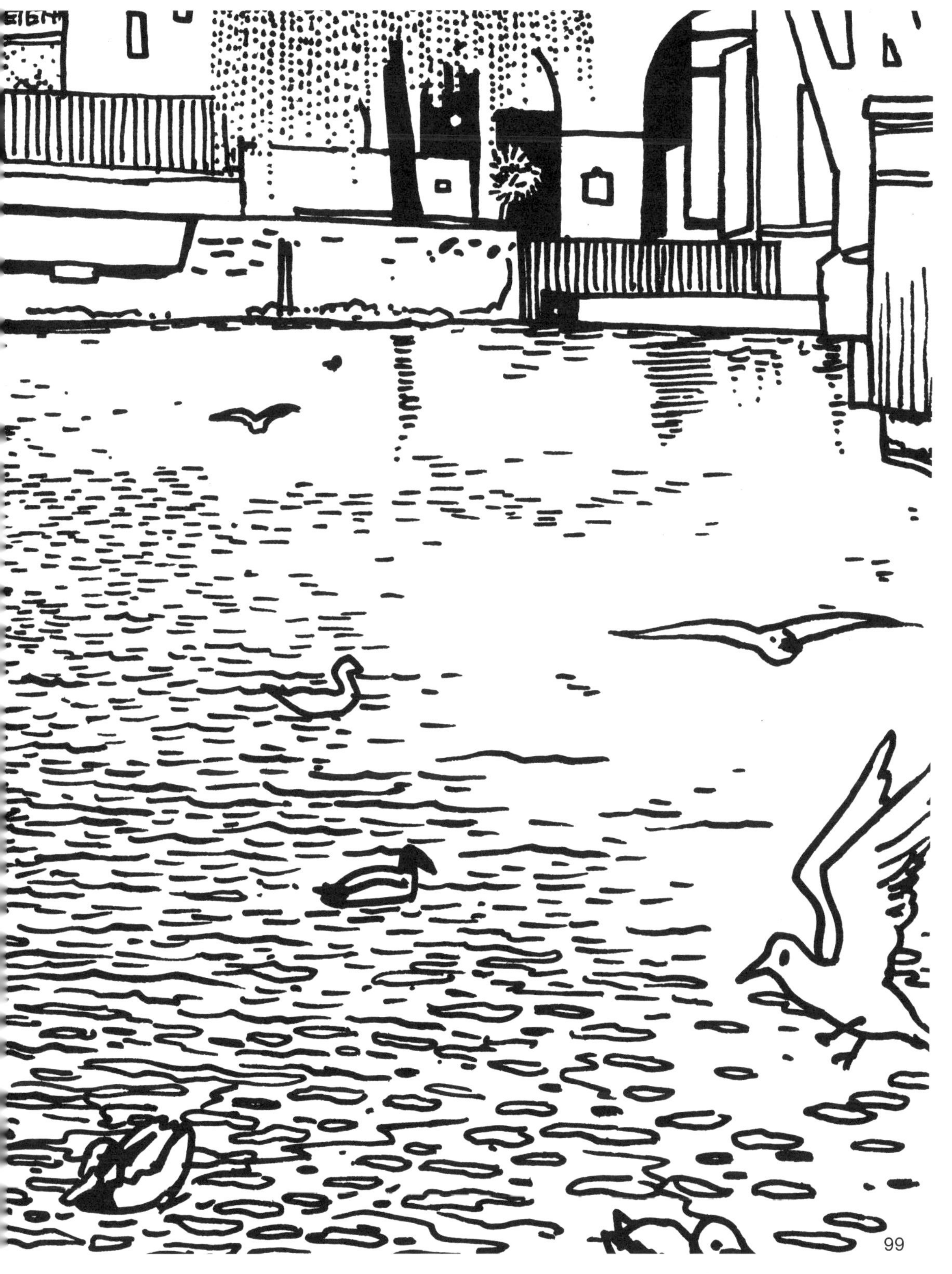

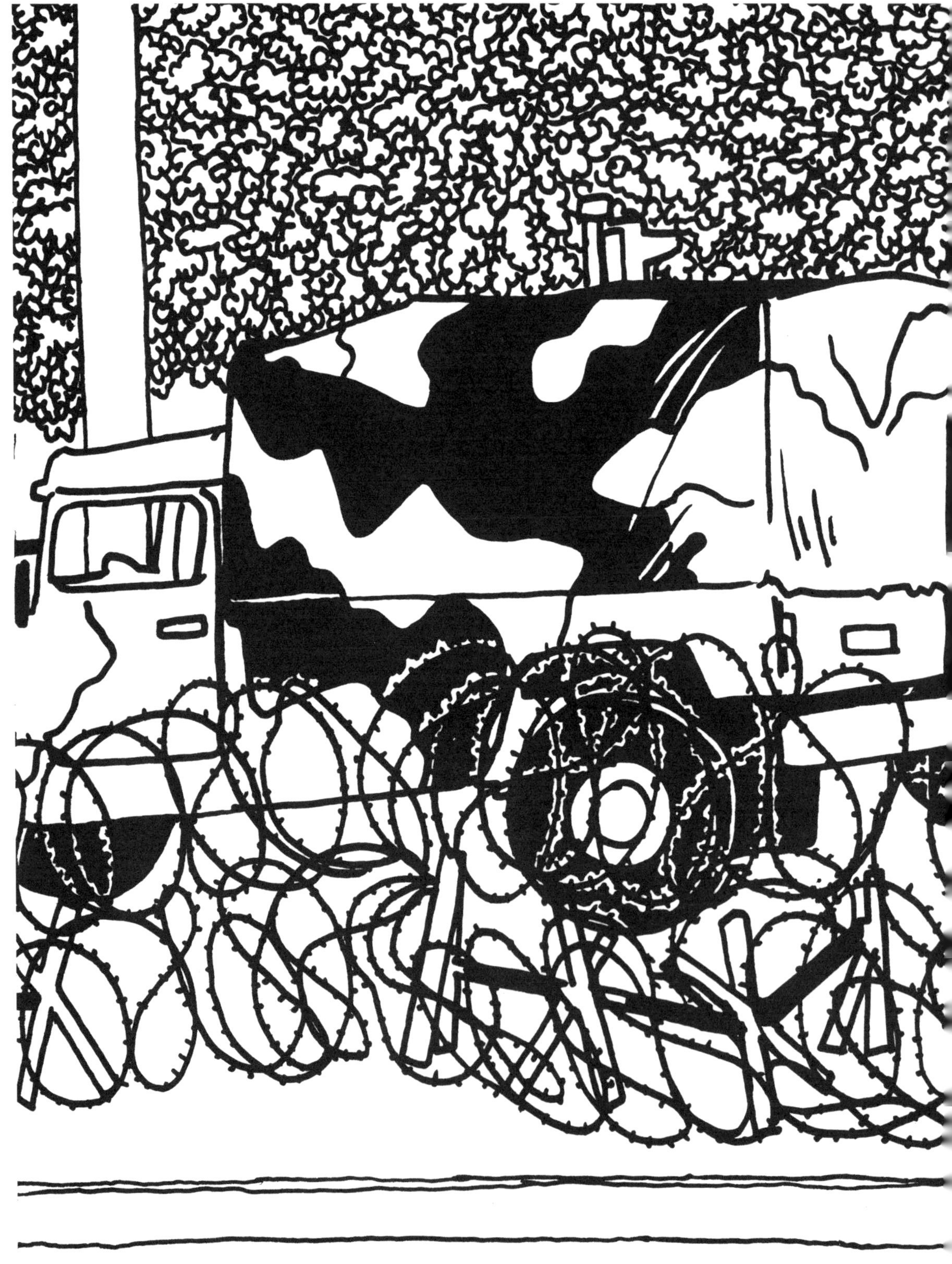

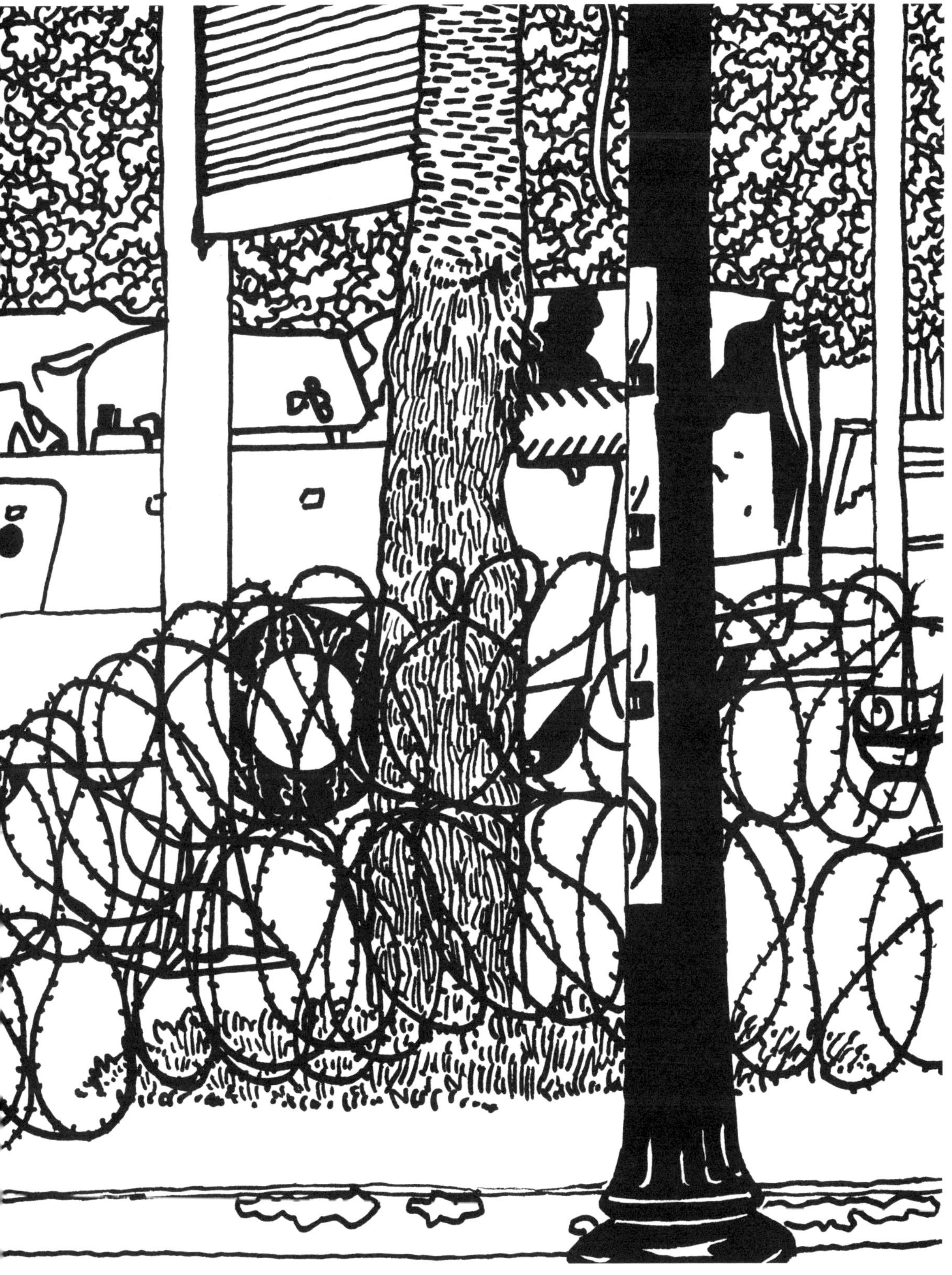

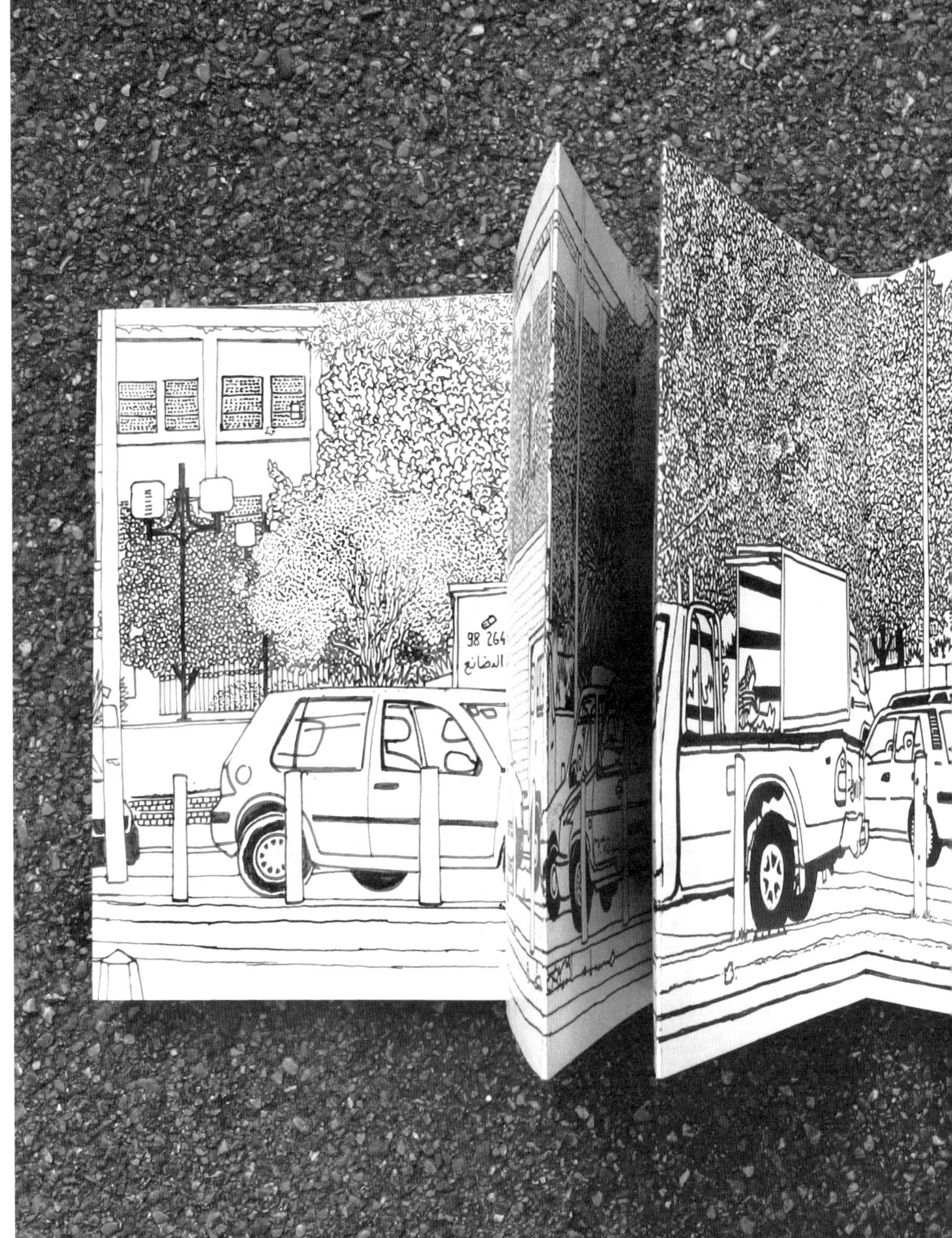

98 264
البضائع

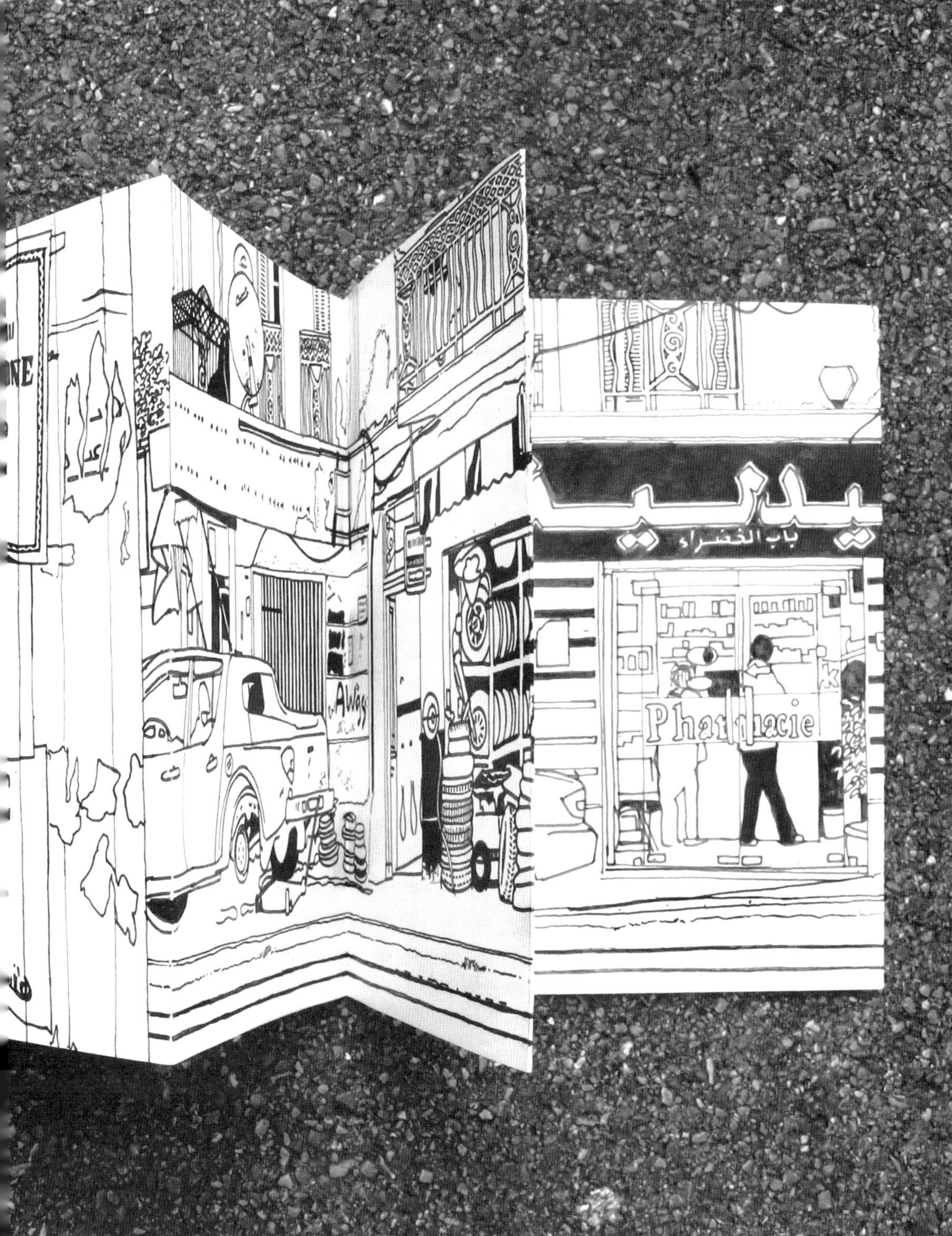
NE
Awas
Pharmacie
باب الخضراء

Ingo Giezendanner geboren 1975 in Basel, lebt und arbeitet in Zürich/born 1975 in Basel, lives and works in Zurich

Ausgewählte Einzelausstellungen/Selected Solo Exhibitions

2012	GRR49: rundherundherundherum, Thun-Panorama, CH
2011	ABBT Projects, Zürich, CH
2010	ACAF, Alexandria, EG
	espacio liquido, Gijon, ES
2009	Grrrr, Swiss Institute, Manhattan NYC, USA
	Video Tank, Zürich, CH
	ABBT Projects, Zürich, CH
	CAB de Burgos, ES
2008	Christophe Daviet-Thery, Paris, FR
	D.I.V.O. Institute, Kolin, CZ
	WW vs. GRRRR, Horizon One Gallery, Cairo, EG
2007	WW vs. GRRRR, Stedelijk Museum,'s-Hertogenbosch, NL
	WW vs. GRRRR, Kunst Halle Sankt Gallen, CH
2005	Christophe Daviet-Thery, Paris, FR
	Gallery Erfrischungsraum, Fumetto, Luzern, CH
	Marks Blond, Bern, CH
	Message Salon, Zürich, CH
2003	Christophe Daviet-Thery, Paris, FR
	Kunsthaus Zürich, CH
2002	Mural on 247 E 2nd Street, Manhattan NYC, USA
2000	enter, Kunstmuseum Thun, CH
	Rich & Famous Gallery, London, UK
1997	Message Salon, Zürich, CH

Ausgewählte Gruppenausstellungen/Selected Group Exhibitions

2012	100 Jahre Schweizer Grafik, Museum für Gestaltung, Zürich, CH
	Grösser als Zürich — Kunst in Aussersihl, Helmhaus, Zürich, CH
2011	9 Tage urbaner Ausverkauf, Schiffbau, Zürich, CH
	D.I.V.O. Institute, National Gallery, Prague, CZ
	Gestalt der Idee, Stadtmuseum Lindau, DE
	Deja Vu, Galerie Grita Insam, Wien, AT
	Voici un dessin suisse, Aargauer Kunsthaus, Aarau, CH
2010	Wenn die Nacht am dunkelsten ist, kommt der Tag, Helmhaus Zürich, CH
	D.I.V.O. Institute, Kunsthalle Fridericianum, Kassel, DE
	Street and Studio, Kunsthalle Wien, AT
	De Zines, Madrid, ES
	The Webstall, Pignia, CH
	Lonarte 10, Galeria dos Prazeres, Madeira, PT
	Drawn to Architecture, Galerie Grita Insam, Wien, AT
	Voici un dessin suisse, Museé Rath, Genève, CH
	Von Andreas bis Züst, Kantonsbibliothek Trogen, CH

2009   Von Andreas bis Züst, Perla-Mode, Zürich, CH
        Von Andreas bis Züst, Sitterwerk, St. Gallen, CH
        The Memorizer, Aargauer Kunsthaus, Aarau, CH
        shifting identities II, Contemporary Art Center, Vilnius, LT
        Galerie Reinart, Neuhausen am Rheinfall, CH
        Showroom Extended, ABBT Projects, Zürich, CH
2008   Impression 08, Kunsthaus Grenchen, CH
        drawings, LARMgalleri, Copenhagen, DK
        Konkret Megamopp, Seedamm Kulturzentrum, Pfäffikon, CH
        Gruppenausstellung, Kulturfabrik Binz, Zürich, CH
        shifting identities, Kunsthaus Zürich, CH
        place@space, Z33, Hasselt, BE
2007   Bilderwahl: Im Dickicht der Städte, Kunsthaus Zürich, CH
        elastic time, Haus für Kunst Uri, CH
2006   shift, Galerie Grita Insam, Wien, AT
        Freymond-Guth & Co. Fine Arts, Zürich, CH
        Werk- und Atelierstipendien, Helmhaus Zürich, CH
        urban maze, nacpool, Wien, AT
        extensions, Centre des livres d'artistes Saint-Yrieix-la-Perche, FR
        Vom Schweifen der Linien, Seedamm Kulturzentrum, Pfäffikon, CH
2005   Office World, Espace culturel de la Tour OFS, Neuchatel, CH
        The ABC, Neurotitan, Berlin, DE
        Linie. Zeichnung bewegt, Galerie DinA4, München, DE
        National Gallery Bienale, Kinsky Palace, Praha, CZ
2004   Punktleuchten, Schifflände Basel, CH
        Schwarz auf Weiss, Kunstmuseum Solothurn, CH
        dessin, Carré Saint-Anne, Montpellier, FR
        Expect us, Les Complices, Zürich, CH
        Swiss Art Awards, Messe Basel, CH
2003   durchzug/draft, Kunsthalle Zürich, CH
        Kunstverein Harburger Bahnhof, Hamburg, DE
        Swiss Art Awards, Messe Basel, CH
        it's in our hands, Migros Museum für Gegenwartskunst, Zürich, CH
        Heimspiel, Kunstmuseum St.Gallen, CH
2001   Werk- und Atelierstipendien, Helmhaus Zürich, CH
        BINZ39, Zürich, CH
        Mural, Mickry3-Shop, Kunstraum Walcheturm, Zürich, CH
2000   DiscoTV, Espace Karim Francis, Cairo, EG
        GRRRR.net, Viper, Basel, CH
1999   Galerie Brigitte Weiss, Zürich, CH
1998   Salon Adesso, Center for everyday art, Copenhagen, DK
1997   Creatures Comfort, Kombirama, Zurich, CH
        Swiss Art Awards, Messe Basel, CH
1993   Mural, Autonome Kulturfabrik Wohlgroth, Zürich, CH

Auszeichnungen/Grants

2011   Artist in Residence, London, Landis & Gyr Förderstipendium, CH
2010   IBK-Förderpreis, Interkantonale Bodensee Konferenz, CH/DE/AT
2007   Artist in Residence, Premsela Foundation, Amsterdam, NL
2006   Die schönsten Schweizer Bücher, GRR30: urban recordings, CH
        Werkbeitrag der Stadt Zürich, CH
2005   Winner Swiss competition, GRR26 feat. Big Zis, VideoEX, CH
2004   Swiss Art Award, CH
        Werkbeitrag Kanton Zürich, CH
2003   Swiss Art Award, CH
2001   Artist in Residence New York, Atelierstipendium der Stadt Zürich, CH
2000   Werkbeitrag Kanton Zürich, CH
        Winner Swiss newcomer, GRRRR.net, Viper, Basel, CH
1999   Werkbeitrag Kanton Zürich, CH

Kunst im öffentlichen Raum/Art in Public Spaces

2011/12 Toter Winkel feat. Big Zis, Langstrassen-Unterführung, Zürich, CH
2009/10 Schulhaus Schönenewegen, Zürcherstr. 67, St.Gallen, CH
2007   Elektrik Kompost, TBZ, Ausstellungsstrasse 70, Zürich, CH

Ausgewählte Publikationen/Selected Publications

2011   GRR47: Iskandariyah Skan, Paperback, Nieves Books
        GRR45: Kalki, Zine, Rollo Press
2010   GRR41: Baku & Back, Paperback, Nieves Books
2009   Ingo Giezendanner, Catalogue, CAB de Burgos
        GRR40: binzbleibtbinz.ch, Zine, Rollo Press
2006   GRR30: urban recordings, Book, Passenger Books
2004   GRR20: Die Bau Zeitung, Newspaper, Edition Fink
        GRR23: DESIGN, Zine, Nieves Books
2002   GRR8: Zürich, Book, Edition Patrick Frey
1999   GRR5: Seattle/San Francisco, Paperback, Andreas Züst Verlag

www.GRRRR.net

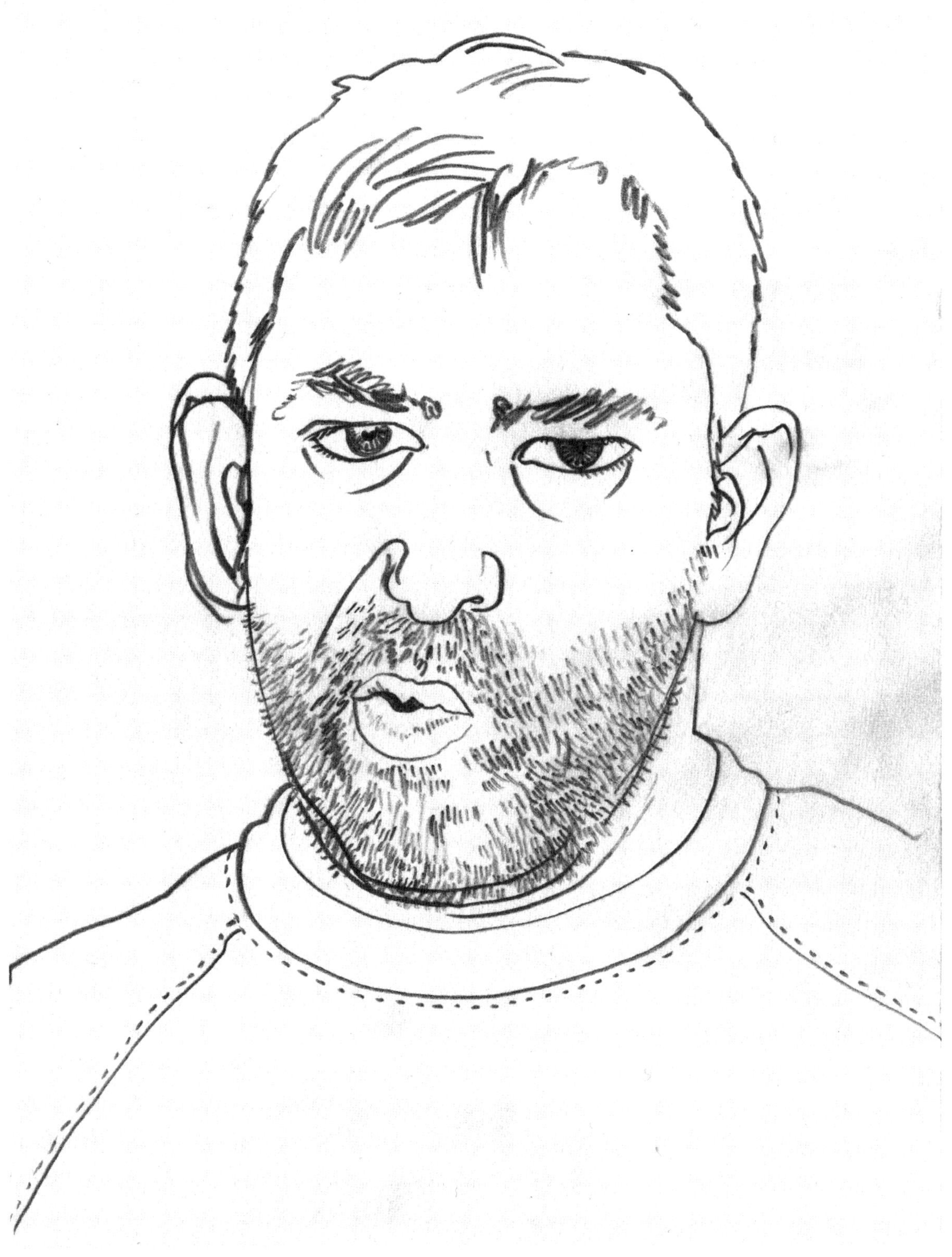

AutorInnen/Authors

Petra Giezendanner
Kunsthistorikerin, lic. phil. hist. 2000 bis
2008 Studium der Kunstgeschichte und der
deutschen Literatur an der Universität Bern.
Seit 2008 wissenschaftliche Assistentin
und Mitarbeiterin am Kunstmuseum Thun.
Sie hat mehrere Ausstellungen kuratiert und
zahlreiche Texte und Ausstellungskritiken
mit Schwerpunkt zeitgenössische Kunst ver-
öffentlicht.

art historian, lic. phil. hist. She studied art
history and German literature at the University of Bern in the period 2000 to 2008.
Academic assistant and associate at the
Kunstmuseum Thun since 2008. She
has curated several exhibitions and published numerous articles and exhibition
reviews with a focus on contemporary art.

Siri Peyer
ist eine in Zürich lebende Kuratorin, die von
2011 bis 2012 im Kunstmuseum Thun als
wissenschaftliche Assistentin arbeitete. Von
2008 bis 2011 war sie als wissenschaftliche
Assistentin am Prostgraduate Programme
in Curating an der Zürcher Hochschule der
Künste tätig. Dort war sie mitverantwortlich
für den Ausstellungsraum White Space. Von
2008 bis 2009 war sie wissenschaftliche
Assistentin an der Shedhalle Zürich. Peyer
hat mehrere Ausstellungen und Projekte
kuratiert und co-kuratiert.

is a Zurich-based curator. She was research assistant at Kunstmuseum Thun from
2011 to 2012. From 2008 to 2011, she
served as a research assistant on the Post-
graduate Programme in Curating at the
Zurich University of the Arts, where she also
was one of the organisers of the non-profit
White Space. Previously, she was curatorial
assistant at the Shedhalle Zurich from
2008 to 2009. She has curated or co-cura-
ted several exhibitions and projects.

Big Zis alias Franziska Schläpfer
versucht sich seit 1996 als Rapperin,
Schreiberin und Performerin. Auf dass die
Versuche versucht bleiben.

Since 1996 she pursues being a
Rapper, Writer and Performer. May the
pursuit continue.

David Zumstein
selbstständiger Architekt, lebt und arbeitet in
Zürich und Rio de Janeiro. Seine Arbeit
konzentriert sich auf Themen zu Stadtentwick-
lung, Landschaft und Natur im Spannungs-
feld zwischen Nutzung und Bewahrung. Im
Fokus stehen Wahrnehmungs- und Ge-
staltungsfragen in einer landschafts- und
siedlungsräumlichen Realität, die immer
stärker durch die Globalisierung und die Vereinheitlichung gezeichnet ist. Zu seinen
letzten Arbeiten zählt das promenadologische
Projekt Identidades Paulistas oder Warum
ist São Paulo schön?, welches er im August/
September 2012 am SESC Conceaição
in São Paulo im Rahmen einer Parallelveran-
staltung zur Bienal de Arte de São Paulo
durchgeführt hat.

an independent architect, lives and works in
Zurich and Rio de Janeiro. His work focuses
on questions relating to urban development,
landscape and nature in the conflicting field
between use and preservation. The focus is
on issues of perception and design in a
topographical and suburbanised reality that
is increasingly marked by globalisation and
standardisation. Among his last works is
the promenadological project Identidades
Paulistas or why São Paulo is beautiful? which
he led in August/September 2012 at the
SESC Conceição in São Paulo in the scope
of a parallel event to the Bienal de Arte de
São Paulo.

Diese Publikation erscheint anlässlich
der Ausstellung/This catalogue is published
on the occasion of the exhibition GRR49:
rundherundherundherum Ingo Giezendanner im
Thun Panorama
Thun-Panorama, 29. März–28. Oktober/
March 29–October 28, 2012

Bibliografische Information der Deutschen
Nationalbibliothek. Die Deutsche Nationalbibliothek verzeichnet diese Publikation in
Der Deutschen Nationalbibliothek; detaillierte
bibliografische Daten sind im Internet über
http://dnb.ddb.de abrufbar./Bibliographic
information published by Die Deutsche
Nationalbibliothek. Die Deutsche Nationalbibliothek lists this publication in Die
Deutsche Nationalbibliografie; detailed bib-
liographic data is available in the Internet at
http://dnb.ddb.de.

ISBN 978-3-86984-377-3
www.vfmk.de
Gedruckt in Deutschland/Printed in Germany

Distributed in the United Kingdom
Cornerhouse Publications
Distributed outside Europe, D.A.P.
Distributed Art Publishers, Inc.

Herausgeber/Editor Kunstmuseum Thun
Petra Giezendanner & Siri Peyer
Konzept/Concept
Carolina Cerbaro, Ingo Giezendanner, Petra
Giezendanner, Siri Peyer
Gestaltung/Graphic design
Carolina Cerbaro
Lektorat/Editorial reading Verlag für
moderne Kunst, Petra Giezendanner, Siri
Peyer, Sandro Danilo Spadini
Übersetzung/Translation
Gecko Lingua, Freiburg i.Br.
Farbkorrektur/Colour Separation
Tom Huber
Papier/Paper Peyprint Leinen, Munk Lynx
100g/m2
Schrift/Typeface Akzidenz Grotesk

Kunstmuseum Thun dankt/would like to thank:
Markus Bärtschi & Team, Carolina Cerbaro,
Ingo Giezendanner, Elsbeth Gilgen, Helen
Hirsch, Tom Huber, Silvia Jaklitsch, Maurice
Repond (Citywerbung Print Thun),
Lorenzo Salafia, Franziska Schläpfer, Yvonne
Schreier, Sandro Danilo Spadini, Cornelia
Stucki, Jonas Vögeli, David Zumstein

Publikation und Ausstellung werden gross-
zügig unterstützt von/The catalogue and the
exhibiton are generously supportet by

Ernst & Olga Gubler Hablützel Stiftung
ERNST GÖHNER STIFTUNG

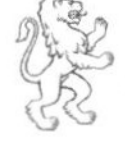
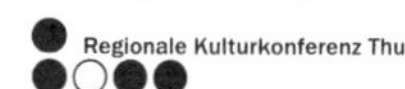

Kunstmuseum Thun wird unterstützt durch/
is supported by

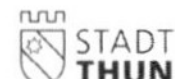

Thun-Panorama
Schadaupark, CH-3602 Thun
www.dasthunpanorama.ch

Kunstmuseum Thun Thunerhof
Hofstettenstrasse 14, CH-3602 Thun
www.kunstmuseumthun.ch

Marquard Wocher, **Panorama von Thun,** 1809–1814
Öl auf Papier auf Leinwand, 7.5 x 38.3 m, Kunstmuseum Thun, Depositum der Gottfried Keller-Stiftung
© Gottfried Keller-Stiftung, Foto: Christian Helmle

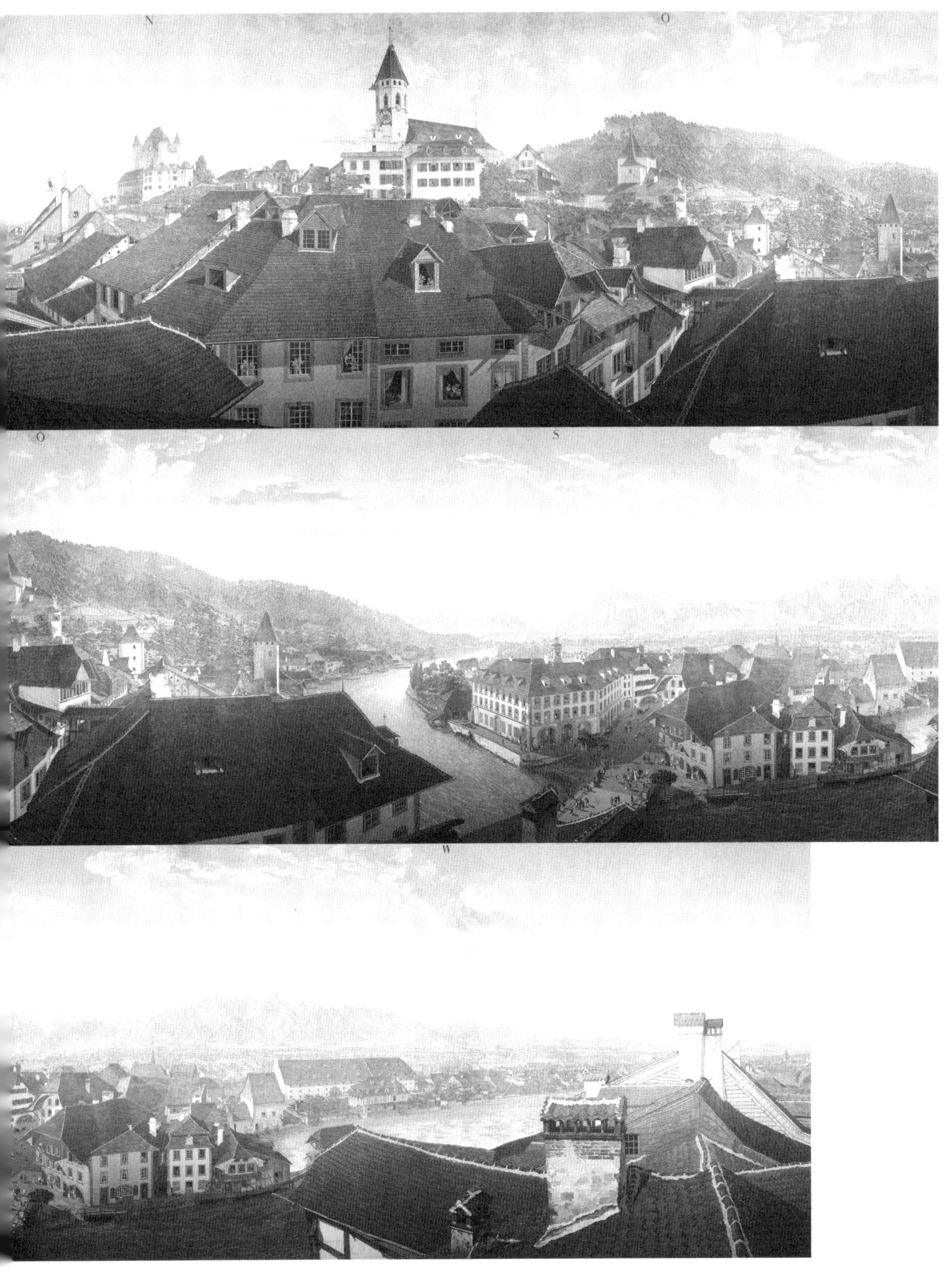

N
O
O
S
W

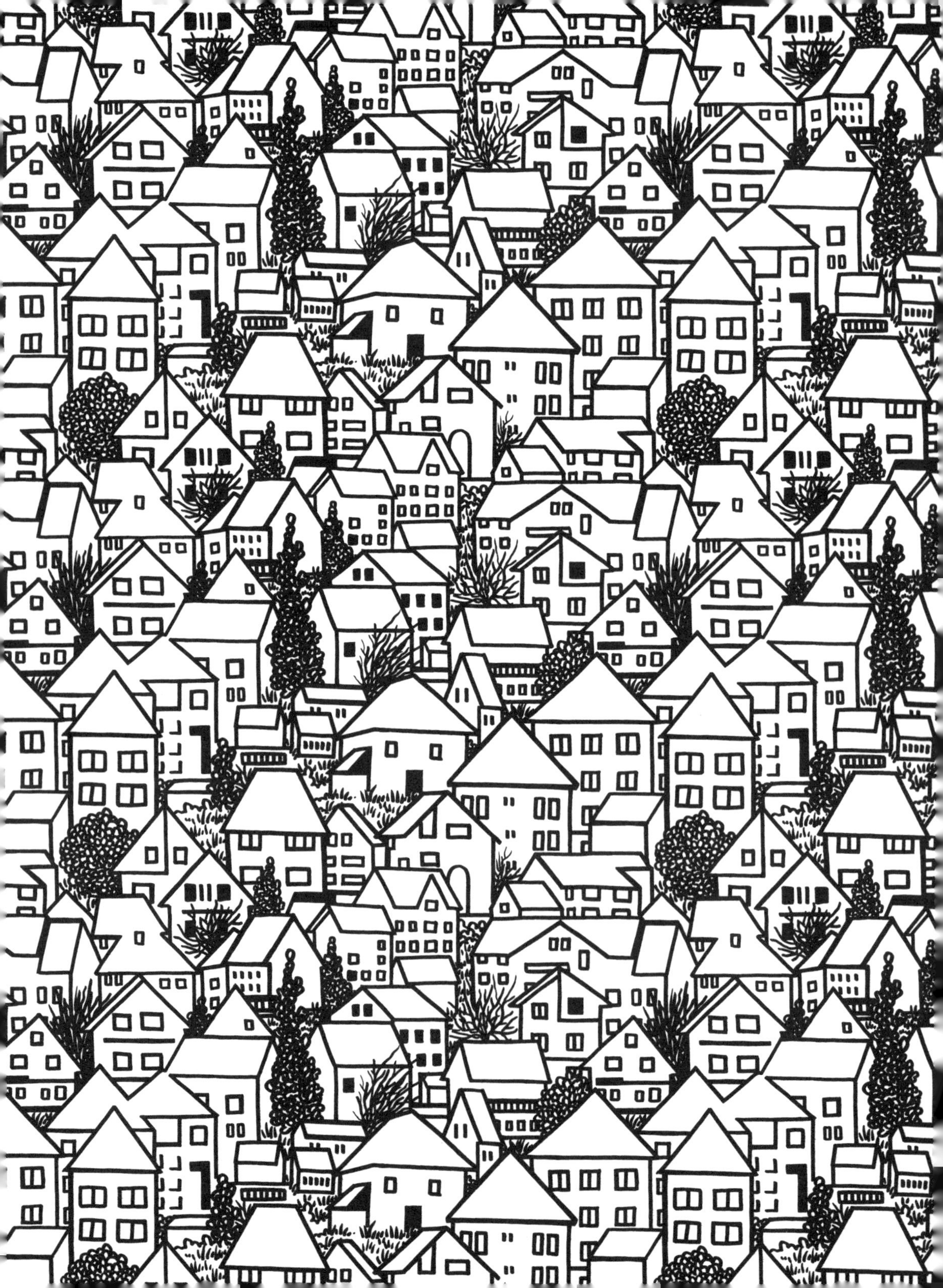